Marching Towards High-Quality Development of
Equipment Manufacturing Industry in China

迈向高质量发展的
中国装备制造业

——基于 EGS 分析框架的理论与实证研究

冀　刚◎著

中国财经出版传媒集团

经济科学出版社
Economic Science Press

图书在版编目（CIP）数据

迈向高质量发展的中国装备制造业：基于 EGS 分析
框架的理论与实证研究/冀刚著 . —北京：经济科学
出版社，2020.5
ISBN 978 - 7 - 5218 - 1601 - 3

Ⅰ. ①迈⋯　Ⅱ. ①冀⋯　Ⅲ. ①制造工业 – 产业
发展 – 研究 – 中国　Ⅳ. ①F426.4

中国版本图书馆 CIP 数据核字（2020）第 089610 号

责任编辑：孙丽丽　撇晓宇
责任校对：王肖楠
责任印制：李　鹏　范　艳

迈向高质量发展的中国装备制造业
——基于 EGS 分析框架的理论与实证研究
冀　刚　著
经济科学出版社出版、发行　新华书店经销
社址：北京市海淀区阜成路甲 28 号　邮编：100142
总编部电话：010 - 88191217　发行部电话：010 - 88191522
网址：www. esp. com. cn
电子邮件：esp@ esp. com. cn
天猫网店：经济科学出版社旗舰店
网址：http：//jjkxcbs. tmall. com
北京季蜂印刷有限公司印装
710 × 1000　16 开　12.25 印张　200000 字
2020 年 10 月第 1 版　2020 年 10 月第 1 次印刷
ISBN 978 - 7 - 5218 - 1601 - 3　定价：52.00 元
（图书出现印装问题，本社负责调换。电话：010 - 88191510）
（版权所有　侵权必究　打击盗版　举报热线：010 - 88191661
QQ：2242791300　营销中心电话：010 - 88191537
电子邮箱：dbts@ esp. com. cn）

前　言

　　装备制造业是为国民经济和国防建设提供技术装备保障的基础性产业，涉及部门领域多、产业链条长、技术复杂度高，且关联度大、带动力强，其发展水平直接反映一个国家工业体系的基础实力。习近平总书记指出，"装备制造业是制造业的脊梁，要加大投入、加强研发、加快发展，努力占领世界制高点、掌控技术话语权，使我国成为现代装备制造业大国。"当前，我国装备制造业总产值连续多年位居世界第一，已进入世界装备制造业大国行列，但是与美国、德国、日本等装备制造业强国相比，我国装备制造业综合竞争力还亟待提高。

　　进入新时代，在由高速增长阶段转向高质量发展阶段成为中国经济发展基本特征的大背景下，装备制造业迈向高质量发展所面临的环境、条件、任务、要求等都发生了新的变化，倒逼其发展方式要加快从速度规模型向质量效率型转变。同时相较于其他国家，中国装备制造业由于受特有的经济体制、发展模式、产业结构和区域差异等因素影响在产业集聚、产业协作和产业竞争等领域"溢出效应"特色鲜明，这深刻影响着21世纪以来中国装备制造业迈向高质量发展的渐进式改革之路。在这一进程中，产业集聚、产业协作和产业竞争等领域"溢出效应"经纬纠缠、相互交织而产生的"外部性"关乎着中国装备制造业迈向高质量发展的速度和质量。限定条件下的理论推演表明，一方面，外部性能够通过共享基础设施，促进产业协作，营造良好的市场竞争环境，产生规模经济、协作经济或竞争经济效应，最终显著促进产业增长；另一方面，外部性亦能够通过知识和技术的溢出，破除流动性阻碍，推动知识和技术的自由流动与碰撞，产生技术进步与创新效应，加快技术创新驱动的产业转型升级，最终促进产业结构优化。也就是说，外部性能够有条件地促成装备制造业供给领域的"质量变革、效率变革和动力变革"，实现高质量发展。因此，深入探讨外部性作用下中国装备制造业的高质量发展问题，便成为当前装备制造业供给侧结构性改革的重大课题之一。

本书总体分为四部分。第一部分主要涉及研究的前期准备工作，包括第1章"绪论"和第2章"研究文献综述"两个章节内容。其中，第1章阐释了选题的背景、意义以及研究方法和创新点等；第2章系统的对与本研究相关的支撑理论进行了梳理和评述。第二部分为全书的总纲，涉及第3章"EGS分析框架及其作用机理"一个章节内容，主要是通过构建EGS分析框架搭建起研究的主体架构，也是后续第4章～第7章实证分析内容的理论依据所在，同时也对相应各章的实证分析做出了安排。第三部分为实证分析的核心，涵盖第4章～第7章的内容。其中，第4章主要运用核密度估计（KDE）阐释外部性和中国装备制造业的发展现状与演进趋势；第5章和第6章主要运用广义矩估计（GMM）分别讨论外部性对装备制造业产业增长和结构优化的影响作用；第7章则运用面板门槛回归（PTM）探讨外部性作用下装备制造业产业增长与结构优化的关系问题。第四部分为研究总结与对策建议部分，即第8章"主要结论、建议及研究展望"，主要针对全书理论与实证研究进行系统总结和提炼，形成相应的政策启示和建议，最后对进一步开展研究的方向和重点进行展望。

本书做出的探索性贡献和得出的主要研究结论有：

第一，探索构建了一个中国装备制造业迈向高质量发展的EGS分析框架。在继承和集成相关理论基础上，本书将产业集聚、产业协作和产业竞争等领域"溢出效应"经纬纠缠、相互交织而产生的"外部性"区分为MAR外部性、Jacobs外部性和Porter外部性，将产业高质量发展界定为产业增长与结构优化的耦合统一，探索性地构建了一个中国装备制造业迈向高质量发展的 EGS 分析框架，重置了传统的外部性作用于产业发展的分析模式。EGS 分析框架将外部性（E）、产业增长（G）和结构优化（S）纳入一个统一的系统之中，更加全面而深刻地揭示外部性作用下中国装备制造业迈向高质量发展的方向、路径以及创新性举措。

第二，装备制造业外部性、产业增长和结构优化状况具有复杂的阶段性特征。具体而言，一方面，MAR 外部性和 Porter 外部性的阶段性特征较为显著，而 Jacobs 外部性则具有较高的稳定性。中低程度的产业专业化是 MAR 外部性的主体，且大部分地区装备制造业的 MAR 外部性都呈现出阶段性减弱的趋势；较高程度的产业多样化是 Jacobs 外部性的主体，且装备制造业中高程度多样化的地区较为集中；中高程度的产业竞争化是 Porter 外部性的主体，且呈现出阶段性强化的趋势。另一方面，产业增长和结构合理化的阶段性特征显著且具有单一方向收敛特性，而结构高度化的不稳定性更强且不具有收敛特性。装备制造业增长状况呈现出的阶段性增速减缓的趋势恰恰与中国经济步入新常态的时代特征十分契合。同时，21 世纪以来装备制造业结构合理化水平不断提高，且呈现出阶段性向高度合理化水平收敛的态势。相反，装备制造业结构高度化水平却相对较低，且演进方向和趋势也较为复杂，具有不稳定性特点。

第三，装备制造业外部性对产业增长的影响具有显著异质性。具体而言，MAR 外部性对实际产值增长率具有不显著的负面约束效应，而对其趋势增长率则具有正向驱动效应，但当增长测度指标为 Malmquist 指数时，其对趋势增长的正向驱动效应并不显著。而 Porter 外部性和 Jacobs 外部性对实际产值增长率和趋势增长率都具有显著正向驱动效应，且当增长测度指标为 Malmquist 指数时，其正向驱动效应依然十分稳健。

第四，装备制造业外部性对结构优化的积极作用主要体现在结构合理化方面，且较为稳健，而对结构高度化作用则存在显著异质性。具体来看，一方面，短期内 MAR 外部性、Jacobs 外部性和 Porter 外部性对结构合理化水平提升具有十分显著的正向结构效应和技术效应，且

MAR 外部性和 Jacobs 外部性作用强度要明显高于 Porter 外部性，但长期内仅仅 MAR 外部性正向效应能够得到延续。另一方面，MAR 外部性、Jacobs 外部性和 Porter 外部性作用于结构高度化的结构效应和技术效应较为复杂，且呈现出显著阶段性特征，即短期内 MAR 外部性和 Porter 外部性对结构高度化具有显著约束作用，而 Jacobs 外部性则具有显著促进作用；但长期看，Jacobs 外部性对结构高度化促进作用会逐渐减弱，并转变为显著抑制高度化水平提升，而 Porter 外部性对结构高度化抑制作用也会逐渐下降，并逐步呈现出对结构高度化的正向驱动效应。

第五，装备制造业外部性对产业增长与结构优化的作用关系具有显著门槛效应。具体而言，当外部性强度（即外部性成长指数，EGI）较低时，结构合理化和高度化均对实际增长和趋势增长呈现出约束作用，即在这一阶段非均衡的产业结构是装备制造业发展的主要驱动力量，而此时的结构高度化则倾向于阻碍装备制造业的发展；当外部性强度跨越门槛值之后，结构合理化和高度化对实际增长和趋势增长作用方向均发生逆转，开始呈现出显著驱动作用，即在这一阶段日趋合理的产业结构和不断提升的高度化水平形成合力共同推动着装备制造业的发展进程。同时，进一步的分析推断还发现，结构合理化和高度化对装备制造业实际增长和趋势增长的门槛效应具有显著异质性，即结构合理化对实际增长和趋势增长的门槛效应较为复杂，呈现出单一门槛和双重门槛相互交织的特点，而结构高度化对实际增长和趋势增长的门槛效应则较为简洁和稳定，始终表现为单一门槛特征。此外，当外部性成长指数跨越门槛值以后，结构高度化对实际增长和趋势增长贡献要显著大于结构合理化贡献。

本书由山东省宏观经济研究院（SAMR）资助出版，特此厚谢。另，浅学的作者深知本书难免存在观点偏颇、论证失当、文献引用误解以及表述或转述欠妥等不足之处。当然，这些问题的责任理当由作者全部承担，但如蒙读者斧正，则有幸也。

山东省宏观经济研究院　冀　刚

2020 年 8 月 25 日

目　录

第**1**章

绪 论

1.1 选题背景

装备制造业是制造业的核心组成部分，承担着为国民经济发展和国防现代化建设提供装备支撑的重任，也是我国的战略性、支柱性和先导性产业。改革开放以来，特别是加入 WTO 之后，中国装备制造业发展迅速，并形成了完备的工业体系[①]，为国民经济的发展和国防现代化建设提供了强有力的装备支撑。当前，我国装备制造业总产值连续多年位居世界第一，已是名副其实的装备制造业大国。同时，也应看到，与美国、德国、日本等装备制造业强国相比，中国装备制造业"大而不强"的局面尚未得到根本转变，产业增长方式粗放、不可持续，产业结构不平衡、不协调等问题严重，且长期处于被动调整的状态之中。因此，目前中国装备制造业发展面临的"促增长、调结构"的挑战更加严峻，而且装备制造业向"增长更持续、形态更高级、分工更优化、结构更合理"阶段演化的要求也更为迫切。

特别是，近年来国际国内形势也发生了深刻变化，世界各国经济发展

---

① 据 IBM（国际商业机器公司）统计，中国具有全球最为完备的工业体系和产业配套能力，拥有 39 个工业大类、191 个种类和 525 个小类，是世界上唯一涵盖联合国标准产业分类（ISIC/Rev. 3）中全部工业门类的国家。（资料来源：中国经济时报制造业调查组：《中国制造业大调查：迈向中高端》，中信出版社 2016 年版，Ⅹ – Ⅻ）此外，另据估计美国工业体系的完整程度仅为中国的 94% 左右，日本更是不足中国的 90%。

波折不断，中国装备制造业发展也面临着更加错综复杂的外部环境。国际方面，新一轮科技革命和产业变革正蓄势待发，对装备制造业生产方式、发展模式和产业形态等方面都带来革命性变化（李东，2016），装备制造业全球分工格局正面临重大调整；全球金融危机冲击及其深层次影响在相当长时期依然存在，世界经济在深度调整中曲折复苏，但增长乏力；一些国家和地区的"反全球化"和贸易保护主义倾向加剧。国内方面，我国经济发展仍处于重要战略机遇期，发展前景依然广阔。同时，经济发展也面临一系列新的约束条件的变化，经济发展已经步入了以"三期叠加"为主要特征的新常态阶段，"经济增速换挡、结构调整阵痛与动能转换困难"彼此交织。此外，中国装备制造业的发展还面临着"后金融危机"时代①来自发达经济体"再工业化"战略中"高端回流"② 趋势和新兴经济体"中低端分流"③ 浪潮的"双重挤压"。

2012 年中国经济步入工业化后期（赵昌文，2015）④，制造业逐步由劳动和资源密集型产业向以装备制造业（特别是高端装备制造业）等为代表的技术密集型产业转型，面临着增长动力转换和产业结构升级的新要求，中国工业经济正走向一个速度趋缓、结构趋优的"新常态"（黄群慧，2014）。与此同时，装备制造业作为我国经济社会发展的支柱性和基础性产业，是带动国民经济健康发展的引擎，其发展不仅要注重规模和速度，更应强调结构和质量。也就是说，表征装备制造业发展速度的产业增长问题和表征其发展质量的结构优化问题（原毅军，2012），应该被视为中国

---

① "后金融危机"时代是对 2008 年全球金融危机之后至今的一个泛称。"美国经济去虚拟化、国际金融去杠杆化、世界经济去全球化"是这一时期的鲜明特征。此外，伴随"美国经济去虚拟化"，世界主要发达经济体也纷纷重新加大对实体经济（特别是制造业）的重视。

② 2008 年全球金融危机后，世界主要的装备制造业国家纷纷意识到重构稳固工业基础的重要性，进而相继提出了重振本国工业的"再工业化"战略。例如，美国《先进制造业伙伴计划》（AMP）（2011）和《先进制造业国家战略计划》（2012）、德国《工业 4.0 战略》（2013）、日本《日本工业复兴计划》（2013）、英国《英国工业 2050 战略》（2013）、法国《新工业法国》（2013）和《未来工业》（2015）以及韩国《制造业创新 3.0 战略》（2014）等。

③ 典型的如印度《国家制造业政策》（2011）和越南《工业化战略行动计划》（2014）。

④ 根据发展经济学的工业化理论，一个国家或地区的工业化进程可以划分为前工业阶段、工业化前期、工业化中期、工业化后期和后工业化阶段，而赵昌文（2015）将 2012 年视为工业化后期起始年的最主要原因在于，2012 年中国第二产业比重下降到 45%，首次低于服务业比重（45.5%），出现了历史上没有过的重要变化。

装备制造业发展的两大核心内容。总之，无论是增长问题还是结构优化问题，其根源都是我国经济发展过程中长期存在的效率、技术和结构等供给侧问题（洪银兴，2016）。理论上，"广义地说，经济学曾经面临的和正在面临的问题都是外部性问题（盛洪，1995）"，而且产业专业化、产业多样化与产业竞争化等外部性理论的重要内容也恰恰是供给侧改革所需要重点关注的领域（黄继忠、冀刚，2018）。因此，从这一角度来看，探讨外部性与产业发展问题特别是增长问题和结构优化问题，便为继续推进和深化中国装备制造业的供给侧结构性改革提供了一个新思路、新方向。但从改革实践的角度来看，基于外部性对产业发展影响的实质性理论成果尚未形成完整的体系，这就造成了理论指导的盲区，同时也给基于外部性理论进行产业政策决策和制定的研究留下了足够的空间，这同样也为本书探讨外部性与产业发展的理论提供了基本动机。此外，本书也期望这一探讨能够对外部性理论、产业发展理论的丰富和完善做出一些有益的探索和贡献，也期望能够对中国装备制造业的供给侧结构性改革提供可供借鉴的理论支撑。

1.2 研究意义

本书通过构建 EGS 分析框架，拟从理论上针对外部性作用下中国装备制造业的发展问题进行全面系统的探讨，并在这一分析框架的指导下，利用中国装备制造业省级面板数据就外部性对中国装备制造业发展的影响进行多维度的实证检验，故在理论和实证上均具有重要意义。

第一，通过文献梳理发现，当前的国内外文献中，外部性与产业发展一直被视为两个独立的领域进行研究，鲜有文献将二者纳入一个统一的理论分析框架中进行系统的讨论。而本书通过构建 EGS 分析框架，将外部性理论引入产业发展的探讨，进而系统而全面地讨论了外部性作用于产业发展的机理。在这一意义上，本书提出的 EGS 分析框架可以看作是外部性与产业发展理论的一次融合性的尝试与实践。

第二，本书涉及的外部性理论强调产业专业化、产业多样化与产业竞争化的内容，而这些内容又恰恰属于供给侧结构性改革的重点范畴。从而，本书实际上也是从外部性的角度探讨装备制造业的供给侧结构性改革问题，借以推进和深化装备制造业的产业增长和结构优化的协同发展。因此，本书亦可以为继续深化装备制造业的供给侧结构性改革提供一个具有一定参考价值的理论支撑。

第三，面对国际"后金融危机"时代，发达经济体"高端回流"趋势和新兴经济体"中低端分流"浪潮的双重挤压，以及国内经济新常态之下"三期叠加"的巨大挑战等复杂的经济形势，本书提出的EGS分析框架及相应的实证分析结论，为政府相关部门制定装备制造业发展的产业政策，提供了一个新思路、新方向，也具有一定的政策指导意义。

1.3 研究内容与技术路线

1.3.1 研究内容

本书的研究重点在于探讨外部性作用下中国装备制造业的增长问题和结构优化问题。由此，概括来看，本书的基本思路（见图1-1）可以概括为，首先，在理论综述和学术研讨的前提下，构建一个分析框架（即EGS分析框架）以系统地分析和深化问题；其次，就EGS分析框架的理论依据及其内在作用机理进行规范性的理论讨论，并对外部性作用下装备制造业的发展问题

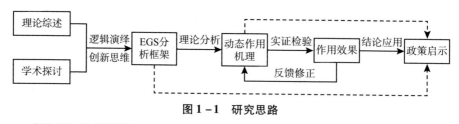

图1-1　研究思路

资料来源：作者绘制①。

---

① 需要指出的是，在未有特殊说明的情况下，本书所有图形，包括示意图、路线图、数据图以及以图形方式呈现的数据或实证检验结果，其资料来源均为：作者绘制。

进行实证性检验与分析。嗣后，根据实证反馈对模型和理论进行修正、补充和完善；最后，将研究得出的结论和实证结果进行策略化应用，进而形成外部性作用下进一步深化中国装备制造业供给侧结构性改革的政策启示与建议。

据此思路，本书的主要研究内容可以分述如下：

第一，外部性和产业发展理论的梳理与拓展。外部性一直是理论经济学中一个经久不衰的话题，而产业发展则是应用经济学特别是产业经济学研究的重点领域。本书在深入分析经典文献的基础之上，系统地归纳和梳理了有关外部性和产业发展的相关理论，将外部性区分为 MAR 外部性、Jacobs 外部性和 Porter 外部性，将产业发展聚焦为产业增长和产业结构优化两个核心方面。

第二，EGS 分析框架及其作用机理。首先，梳理出研究外部性作用的两条线索，并在继承和集成经典理论的基础之上，将两条线索进行融合，进而重新确立外部性完整的作用路径；其次，将外部性引入产业发展的分析，并据此构建出基于外部性、产业增长和结构优化的 EGS 分析框架；最后，深入挖掘 EGS 分析框架的内在作用机理。

第三，外部性作用下中国装备制造业发展的实证分析。在 EGS 分析框架的指导之下，根据各变量之间的相互作用关系构建出数学模型并引申出实证含义，进而建立相应的实证模型，开展实证检验和稳健性讨论，最后实证检验结论和稳健性讨论的结果进行综合梳理与解读。本部分的实证检验主要包括三个模型，即外部性与产业增长模型（EG 模型）、外部性与产业结构优化模型（ES 模型）和外部性作用下产业增长与产业结构优化的关系模型（GS 模型）。

第四，政策建议。在对理论分析结论和实证检验结果进行综合评估与判断的基础上，从外部性的视角切入，对中国装备制造业发展及其两大核心内容，即产业增长和产业结构优化，尝试提出了几点稍具建设性和创新性的政策启示与建议。

1.3.2　技术路线

根据研究内容的安排和总体的研究思路，本书具体的研究技术路线如

图1-2所示。

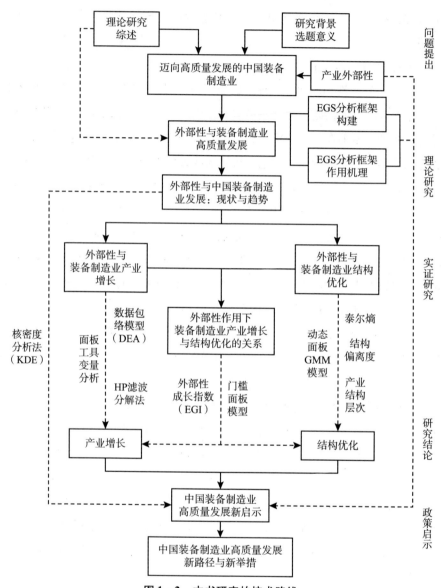

图1-2　本书研究的技术路线

1.4　研究方法与数据来源

1.4.1　研究方法

本书主要采用文献综述、理论框架分析和计量实证检验相结合的研究方法，并遵循规范研究与实证研究相协调，以规范研究为导向，以实证研究为手段；静态分析与动态刻画相补充，以静态分析为主线，以动态刻画为重点；理论指导与政策建议相联结，以理论指导为依据，以政策建议为目标的原则。

第一，本书以国内外现有的经典理论文献为基础，对有关外部性和产业发展的相关理论进行梳理、归纳和评述，然后在继承和集成这些经典文献和评述的基础上对现有理论进行拓展。

第二，本书运用理论框架分析的方法，首先，将外部性引入产业发展的分析，明确所研究问题的核心，并据此构建出基于外部性、产业增长和产业结构优化的 EGS 分析框架；其次，在 EGS 分析框架之下，深入探讨外部性作用下的产业发展问题，通过逻辑演绎揭示其内在的动态作用机理，进而揭示问题实质，并据此提出理论假设；第三，以 EGS 分析框架为指导，根据理论分析引申出实证含义，并在此基础之上构建出一组相互关联且逐层深入的实证检验模型，从而为后续的实证分析指明方向。

第三，本书综合运用多种现代计量研究方法，如核密度估计分析法（KDE）、单整和协整分析法、数据包络分析法（DEA）、动态面板 GMM 分析法、HP 滤波分析法以及面板门槛回归分析法（PTM）等，对外部性作用下中国装备制造业的发展问题进行了细致的静态描述和动态刻画，力求最大限度地逼近中国装备制造业的发展实际，从而有效提高了实证分析的针对性和精确度，也提高了实证结论的准确性和政策启示的指导性。

第四，在理论指导与政策建议相联结原则的指导之下，采用演绎推广的方法将本书的理论探索和实证检验结论转化为合理化的政策建议，以期能够为进一步加快推进中国装备制造业产业增长和结构优化的进程做出有益的探索。

1.4.2 数据来源

本书数据来源主要包括 2001～2016 年中国国家统计局出版的《中国工业经济统计年鉴》①《中国高技术产业统计年鉴》《中国统计年鉴》和各省（自治区、直辖市）《统计年鉴》以及国务院发展研究中心信息网（国研网）《工业统计数据库》和国家统计局网站等。

几个需要说明的问题：

第一，本书数据以《中国工业经济统计年鉴》《中国高技术产业统计年鉴》为基础，部分缺失数据通过各省（自治区、直辖市）《统计年鉴》补充，仍有缺失的数据利用均值插补法补齐。此外，为消除异常数据对实证分析的影响，本书亦对部分研发投资数据进行了 1% 的 Winsorize 处理。

第二，本书装备制造业数据均为 2000～2015 年省级规模以上工业企业的装备制造业两位码产业数据。由于《国民经济行业分类》（GB/4754 – 2011）与《国民经济行业分类》（GB/4754 – 2002）存在差异，为确保行业数据的连续性和可比性，本书以《国民经济行业分类》（GB/4754 – 2002）为基准确定装备制造业的产业分类，并对 2011～2015 年的数据进行了调整。因此，本书所指的装备制造业包括金属制品业②，通用设备制造业，专用设备制造业，交通运输设备制造业，电气机械及器材制造业，通信设备、计算机及其他电子设备制造业，仪器仪表及文化、办公机械制造业等 7 个子产业③。

---

① 《中国工业经济统计年鉴》于 2013 年更名为《中国工业统计年鉴》。

② "金属制品业"是否应该被包含在装备制造业的范畴之内一直存在较大争议。林桂军（2015）根据联合国《国际标准产业分类》（ISIC Rev3.1）的内容，认为"金属制品业"并不符合装备制造业的含义。但 2014 年《国民经济和社会发展统计公报》首次在官方文件中明确装备制造业的产业范围，且明确将"金属制品业"列入装备制造业的范畴。

③ 装备制造业属于多行业叠加复合型产业分类，迄今为止国内外学术界尚未就装备制造业的产业范围和标准定义形成共识。关于中国装备制造业具体分类目录详见附录 A。

第三，类似地，本书高端装备制造业①数据均为 2000～2015 年省级规模以上高技术工业企业的高技术产业两位码数据。其中，本书所指的高端装备制造业是指《中国高技术产业统计年鉴》中列明的航空、航天器及设备制造业，电子及通信设备制造业，计算机及办公设备制造业，医疗仪器设备及仪器仪表制造业等 4 个子产业。此外，医药制造业因不属于高端装备制造业的范畴，故被剔除。

第四，本书所涉及的产值及资产投资类数据均以 2000 年为基期进行了平减处理。具体而言，产值类数据利用工业企业出厂价格指数进行平减，投资和资产类数据利用固定资产投资价格指数进行平减。其中，价格指数数据来源于国家统计局网站。

第五，由于 2004 年为中国工业经济普查年，国家统计局出版了《中国经济普查年鉴 2004》，并未出版《中国工业统计年鉴 2005》，但国研网提供了 2004 年规模以上工业企业数据，因而，本书对此予以采纳。

1.5 可能的创新点与存在的不足

1.5.1 可能的创新点

1.5.1.1 一个新的分析框架的尝试——EGS 分析框架

关于产业发展的研究大都是基于资源禀赋、技术与创新、产业集聚以及 FDI 和 OFDI 等角度进行的讨论，且现有文献也更多地将产业发展局限在产业增长的范畴之内，且同时也鲜有文献系统的从外部性角度去考查产业发展的问题。因此，本书在继承和集成相关理论的基础之上，本书另辟

---

① 工业和信息化部（2012）印发的《高端装备制造业"十二五"发展规划》中，对"高端装备制造业"进行了清晰的概念界定，即高端装备制造业是指以高新技术为引领，处于价值链高端，具有高技术含量、高附加值、强竞争力，并决定着整个产业链综合竞争力的战略性新兴产业。此外，该文件还明确了高端装备制造业的重点发展方向。

研究思路，提出从外部性视角考查产业发展问题，并将产业发展视为量变和质变的统一，即将产业发展聚焦为产业增长和产业结构优化两个核心方面。进一步地，为了系统的探讨外部性对产业发展的作用关系，本书尝试构建了一个新的分析框架——EGS 分析框架，并借助此框架进行产业外部性（E）与产业增长（G）和产业结构优化（S）等一系列问题的探讨与分析。

具体而言，首先，本书梳理出外部性研究的两条基本线索，然后在此基础上将两条独立展开的线索进行深度融合，并将外部性区分为 MAR 外部性、Jacobs 外部性和 Porter 外部性，同时也对三类外部性的来源、内涵、作用路径和结果效应等进行整合，从而构建出完整的外部性作用链条，为 EGS 分析框架的构建开辟契合点。其次，本书也将产业发展聚焦为产业增长和产业结构优化这两个核心方面，进而挖掘发现外部性与产业发展的理论基础都在于分工理论，从而为 EGS 分析框架的构建奠定理论基础。最后，通过构建 EGS 分析框架，将外部性理论引入产业发展的探讨，即将外部性、产业增长和产业结构优化置于同一个分析框架之下。在这一分析框架之下，一方面，能够系统而全面的探讨外部性理论与产业发展的作用机理；另一方面，还可以更为深入地探讨外部性作用下产业增长与产业结构优化的关系。因此，综合来看，本书提出的 EGS 分析框架，可以看作是外部性与产业发展理论的一种稍具创新性的尝试。

1.5.1.2　一个新的测度指标的构建和应用——外部性成长指数（EGI）

MAR 外部性、Jacobs 外部性和 Porter 外部性等三类外部性之间既相互联系又彼此区别显著，既具有协调一致的特征，又往往在某些情况下也表现出显著的相互排斥性。因此，有必要将 MAR 外部性、Jacobs 外部性和 Porter 外部性整合在一起，并封装在一个变量之中，以抵消三者之间复杂的相互作用关系，进而能够在整体上刻画外部性的内涵与作用。因此，本书将 MAR 外部性、Jacobs 外部性和 Porter 外部性等三者的交叉因子定义为外部性成长指数（Externalities Growth Index，EGI），即外部性成长指数（EGI）= MAR 外部性 × Jacobs 外部性 × Porter 外部性。具体来看，EGI 能够综合反映 MAR 外部性、Jacobs 外部性和 Porter 外部性的整体效果，即在各外部性变化趋势趋于一致时，EGI 能够很好地体现外部性相互叠加而产生的外部性作用强化效应；在外部性变化趋势趋于异质时，EGI 又能很好地反映外部性相互排斥而产生的外部性作用弱化效应。

1.5.1.3　其他一些应用性的新尝试

第一，外部性与产业结构优化等测度指标的适应性改造。外部性指标构建与测度一直是经济学的一个热点和难点。本书在继承和集成经典研究成果的基础之上，对选取的测度指标进行了适度的改造。具体来说，关于 MAR 外部性、Jacobs 外部性和 Porter 外部性等三类外部性与产业结构优化的指标构建和测度存在一定局限性，且其既有的测度指标也难以在装备制造业数据领域进行直接计算。因此，本书根据中国装备制造业的实际对测度指标进行了适应性的继承与改造，同时将《中国工业统计年鉴》《中国高技术产业统计年鉴》、各省（自治区、直辖市）的年度统计年鉴以及《国民经济行业分类》（GB/4754 - 2002）和《国民经济行业分类》（GB/4754 - 2011）进行数据与分类的重新集结、合并和对应，从而实现了对装备制造业外部性和结构优化的测度。

第二，一组实证模型的综合应用。外部性与产业发展的实证分析包括三个实证模型，即外部性与产业增长模型（EG 模型）、外部性与产业结构优化模型（ES 模型）和外部性作用下产业结构与产业增长的关系模型（SG 模型）。这三个模型分别是在相关经典文献的基础之上进行改造和拓展而形成的，而且本书将三个模型置于同一个分析框架之下，从而能够多角度地综合反映外部性与产业发展之间的复杂关系。

1.5.2　存在的不足

第一，鉴于目前国内统计数据质量和开放范围的限制①，本书涵盖的产业和区域范围都稍显粗糙和宽泛，从而在一定程度上影响了实证分析和

---

①　尽管中国统计数据的开放范围和质量近年来获得极大改善，但鉴于连续性和可获得性的考虑，本书亦仅能获取省级层面的两位码产业数据开展研究，这与当前国内产业经济学领域研究的状况相吻合。

结论的针对性。具体而言，一方面，从产业范围看，本书仅能基于两位码产业考查外部性和产业发展问题，相比国外的三位码或四位码①的研究稍显粗糙；另一方面，从区域范围看，本书也仅能从省级层面（省、自治区和直辖市）开展研究，与国外从城市级别或大都市区范围的研究相比，亦稍显宽泛。

第二，装备制造业产业门类（即7个子行业）是依据产业活动的经济属性进行的行业划分，而并非是按照各子行业的外部性特征进行重新归集的。因而，在考查装备制造业外部性的演进趋势以及外部性对产业发展的影响作用等问题时，必然会降低实证分析针对性程度，也有可能会对研究结论产生干扰。

第三，本书的实证分析部分涉及的动态GMM估计以及面板门槛估计，都需要对数据进行多条件处理，这可能会对结论的精确度产生干扰。此外，本书均选取单一测度指标对装备制造业的外部性和产业发展状况进行测度，这也可能会导致数据统计信息的丢失，进而可能增大实证分析的误差。因此，后续研究中可以尝试运用非参估计方法和复合测度指标等对实证过程进行优化。

---

① 参照联合国《国际标准产业分类》（ISIC），遵循经济活动的同质性原则，国民经济产业可划分为门类、大类、中类和小类四级，并采用分层次编码的方法编码。其中，门类用一位拉丁字母表示（即用字母A、B、C、…、T依次代表不同门类），而大类、中类和小类则分别用两位、三位和四位阿拉伯数字表示，即为一位码产业、两位码产业、三位码产业和四位码产业。

第②章
研究文献综述

2.1 外部性理论

2.1.1 外部性内涵

外部性思想最早由马歇尔（Marshall，1890）[①] 提出，随后庇古（Pigou，1924）[②] 对此进行了创造性的补充和完善，并正式提出了外部性理论。之后，外部性问题便成为经济学中一个经久不衰的课题，并不断引发着经济学理论的创新。李显龙（Lee，1982）详细探讨了外部性在市场机制中存在的理论，黄有光（Yew－Kwang，1983）则从"寻租活动"的角度对此进行了验证。新经济地理学（NEG）[③] 以"不完全竞争"和"报酬递增"为理论依据，通过模型刻画，论证了市场机制中的外部性对产业活

[①] 马歇尔（Marshall，1890）在《经济学原理》中将因货物生产规模扩大而发生的经济分为两类。其中，"有赖于产业一般发达所造成的经济"被其称为"外部经济（External Economics）"。同时，"有赖于产业内个别企业自身资源、组织和经营效率的经济"为"内部经济（Internal Economics）"。自此，"外部经济"这一概念便进入了经济学家的视野，进而备受重视。

[②] 庇古（Pigou，1924）将"外部性"视为经济福利的相关因素，并在《福利经济学》中明确强调，当社会边际净生产与私人边际净生产之间存在差异时，便必然会产生"外部性"。

[③] 保罗·克鲁格曼（Paul Krugman）以规模经济和产品差异为出发点，将国际贸易模式和经济活动区位分析结合起来，创造性地提出了"新经济地理学理论（New Economic Geography，NEG）"。

动空间集中的作用（Krugman，1991），但也有学者（Fujita & Mori，2005）则是从经济关联（E - Linkages）与知识关联（K - Linkages）的角度探讨外部性的作用。曼昆（Gregory Mankiw，2015）认为外部性是指"一个人的行为对旁观者的无补偿的影响"，并着重探讨了外部性与市场效率的关系。此外，米德（Meade，1952）、科斯（Coase，1960s）、张五常（1970s）、杨小凯（1990s）[①]、格莱泽（Glaser，1992）、梁琦（2007）、赵勇（2009）、胡鞍钢（2010）、比塔斯（Bithas，2011）、吴建峰（2012）、陈姝（2016）、黄继忠和冀刚（2019）等学者也分别从不同的领域和角度对外部性问题进行了探讨和论述。由此可见，外部性的概念和外延包含很多方面，"广义地说，经济学曾经面临的和正在面临的问题都是外部性问题（盛洪，1995）"。同时，具体到制造业领域对外部性的研究而言，学术界一般将外部性区分为 MAR 外部性、Jacobs 外部性和 Porter 外部性分别进行探讨。

马歇尔（Marshall，1890）指出"产业的专门化程度越高越有利于外部性的产生"，并强调产业专业化不仅可以引致产业的空间集聚，从而降低运输和交易成本，而且还能共享专业性的劳动力市场与人才资源，更为重要的是产业专业化还能促成产业内知识、技术和人力资本的扩散和溢出。阿罗（Arrow，1962）和罗默（Paul Romer，1986）详细探讨了知识积累的内生性问题，并在强调"干中学"（Learning - By - Doing）和"报酬递增"作用的前提之下，提出了以知识积累为基础的内生增长模型[②]，进而用以阐释产业专业化的外部性作用原理。同时，还指出由于"不完全产权保护"的存在，就使得过于激烈的竞争可能会削弱研发投入并损害劳动生产的增长率（范剑勇，2009），反而产业专业化分工产生的垄断会更利于研发的持续性投入，而更可能促进产业创新的产生。格莱泽等（Glaser et al.，1992）将这些理论归纳整理，并聚合在一起称之为马歇尔（Marshall，1890）—阿罗（Arrow，1962）—罗默（Romer，1986）外部性，即

---

① 杨小凯关于外部性的论述可参见《新兴古典经济学与超边际分析》（2003 年版）和《专业化与经济组织：一种新兴古典微观经济学框架》（1999 年版）。

② 关于内生增长模型，可参见：戴维·罗默（Romer David）著，吴化斌，龚关译. 高级宏观经济学（第四版）［M］. 上海：上海财经大学出版社，2014：89 - 102.

MAR 外部性。此外，曼昆（Gregory Mankiw，2015）① 则将外部性区分为正外部性和负外部性，并将技术溢出视为"正外部性的一种潜在、重要的类型"。国内研究方面，刘冰（2010）② 认为专业化经济能够有效节约长期平均成本，并构建了专业化经济与长期平均成本的逻辑框架模型；石声萍（2013）③ 则着重探讨了外部性的内部化问题，并构建了外部性内部化理论作用机制框架；孙宁华（2016）则从区域主导产业发展的角度，认为 MAR 外部性主要是通过主导产业不断的技术进步而产生的溢出效应而发挥作用的。

与 MAR 外部性不同，雅各布斯（Jacobs，1969）在针对城市经济的研究中发现，不同产业间知识资源的溢出、扩散和合成，更能促成知识创新的实现，即只有在产业多样化而非产业专业化的环境之下，互补性知识的溢出与相互交融才能促成交叉思维的碰撞和知识新的融合，进而导致创新的实现。埃里森（Ellison，1997）指出不同产业间的协作，特别是上下游产业间的生产关联，对互补性知识和技术的外溢、扩散具有重要作用。进一步的研究还发现，产业多样化能够引发市场的精细化分工，利于协作性竞争环境的营造，从而进一步强化产业间知识的溢出与交融（王春晖，2014）。这种基于产业多样化而产生的外部性称之为 Jacobs 外部性。同时，鉴于 Jacobs 外部性是基于对城市集聚经济的研究而提出的，因而这一外部性理论也就必然隐涵着多样化的产业在空间上集聚的思想。此外，弗兰肯（Frenken，2007）将 Jacobs 外部性进行了分解，即将产业多样化拆分为相关多样性（Related variety）和无关多样性（Unrelated variety），并通过研究验证二者不仅能够促成产业间知识的溢出，实现知识创新，而且还具备保护地区产业免受外部冲击的"投资组合效应"。

外部性理论不仅是经济学研究的一个热点，而且同样为管理学学科所

---

① 格里高利·曼昆（Gregory Mankiw）. 经济学原理（微观经济学分册）［M］. 第 7 版. 北京：北京大学出版社，2015：211－218.

② 刘冰（2010）将专业化经济（MAR 外部性）的作用概括为四个方面：第一，促进效率专业化设备的大量出现和应用，进而持续提高生产效率；第二，促进分工不断细化，并通过简单重复的累积学习促成生产效率的提升；第三，利于基于工序细化和工艺模块化的标准化管理和制度化运营体系的构建，进而降低生产成本并提高产品质量；第四，产业专业化专注于生产、经营和市场声誉而使产业获取竞争优势。此外，专业化与长期平均成本的逻辑框架模型详见附录 B。

③ 关于"外部性内部化理论作用机制"可参见附录 B。

关注。波特（Porter，1990）在竞争优势框架下，运用管理学研究方法探讨了产业外部性的来源问题。这一研究认同 MAR 外部性关于产业专业化比多样化更有利于知识和技术溢出的观点，而且同时也认为开放市场环境下的市场竞争而非垄断更能促进技术外溢和知识创新，这恰与雅各布斯（Jacobs，1969）的观点一致（薄文广，2007；王耀中，2012）。后续开展的有关外部性的研究也将这一思想脉络描述为 Porter 外部性，并指出这一外部性不仅应关注产业内企业的竞争和技术溢出，也应关注产业间企业的竞争和技术溢出，即 Porter 外部性不仅来源于产业内，也来自产业间。此外，王春晖（2014）认为，来源于 Porter 外部性的竞争可以使得"区域内制度环境得以不断优化，机会主义倾向得以抑制"，从而更利于产业内或产业间企业的知识和技术的溢出与扩散。从这些观点，还可以推断 Porter 外部性也必然承认，高度竞争的市场能够促进产业内和产业间要素资源的自由流通，进而增加企业的创新压力，迫使其为追求更高利润而强化其对知识和技术创新的持续性投入，且竞争越激烈，越能促进创新和增长，也就为知识和技术的持续性溢出与扩散奠定了基础。

通过梳理上述文献不难发现，外部性产生的直接原因被认为是经济主体利益间的冲突，且冲突的根源在于资源的稀缺性[①]。但同时，本质上，外部性产生的原因归根到底仍然是现实经济中均衡理论预言的"帕累托最优（Pareto Optimality）[②]"难以实现。从这一意义上看，与市场机制相对应的外部性概念只是一种狭义的外部性，也就是说，即使在市场机制发挥作用的条件下，同样也会产生外部性，即货币外部性（Scitovsky，1954；张旭华，2012）。此外，部分学者（Viner，1931；陈继勇，2011；郭进，2016）还依据外部性与资源配置效率的实质性关系，将外部性区分为技术外部性

[①] 关于"资源的稀缺性"，无论是马尔萨斯（Malthus，1803）的"资源绝对稀缺论"，还是李嘉图（David Ricardo，1817）的"资源相对稀缺论"，或是约翰·穆勒（John Mill，1848）的"静态经济论"都明确接受资源稀缺的观点。

[②] 20 世纪初，意大利经济学家帕累托（Vilfredo Pareto）在其著作《政治经济学教程》（1909）中提出了如下定义，即"对于某种经济的资源配置，如果不存在其他生产上可行的配置，使得该经济中的所有个人至少和他们在初始时情况一样良好，而且至少有一个人的情况比初始时严格地更好，那么这个资源就是最优的。"尽管帕累托在此使用了"最优"这个词，但实际上却是一个效率的定义，因此也称为"帕累托效率（Pareto efficiency）"。

（Technological Externality）和金融外部性（Pecuniary Externality）。这主要是因为，现实经济中不完全竞争、产品和资源的不可分性以及投资的动态变化性是一种常态的存在，即违背了市场机制均衡理论的基本假设①，从而致使在市场机制条件下，"帕累托最优"也难以实现。

进一步，非"帕累托最优"条件下的外部性也一直是产业发展领域的研究热点。理论上，在完全竞争框架下，自然禀赋对产业发展的影响才能得到解释；而在不完全竞争框架下，自然禀赋则无法解释产业发展②，主要是因为涉及外部性。特别是，在产业专业化、产业多样化与产业竞争化条件下，外部性对产业发展的影响又存在显著差异。因此，格莱泽（Glaeser et al.，1992）则据此将外部性划分为 MAR 外部性、Jacobs 外部性和 Porter 外部性。进一步，一些学者（Rosenthal & Strange，2004；薄文广，2007；覃一东，2016）将时间因素引入外部性，即将外部性在时间维度上展开，使外部性具有了动态性，因而王耀中（2012）和冀刚（2018）则将其称之为动态外部性。

2.1.2　外部性测度与作用路径

2.1.2.1　外部性测度

外部性的测度一直是外部性理论研究的一个难点。新经济地理学（NEG）认为，外部性的复杂性导致了对其量化测度的困难，进而影响到外部性模型化的进展（Krugman，1991）。但随着外部性理论研究的深入，外部性特别是产业外部性的量化问题取得了诸多突破。概括地看，产业外部性的测度主要包括单一指标测度法和复合指标测度法两种。此外，虽然目前复合指标测度法已在 MAR 外部性中得到突破，但总体而言产业外部

---

① 市场机制均衡理论的基本假设可简单地概括为：信息对称假设，外部性效应假设，规模报酬非增假设，福利互惠假设以及理性经济人假设等。此外，赫维奇（Hurwicz，1972）将这些基本假设也称之为"古典环境"。

② 例如，梁琦（2007）认为，现实条件下外部性的广泛存在导致自然禀赋难以解释产业集聚现象。

性的测度仍以单一指标测度为主。

MAR 外部性测度的常用指标有克鲁格曼专业化指数（Krugman，1991；孙宁华，2016）和区位熵（Henderson，1995）。克鲁格曼专业化指数和区位熵[①]都是通过考查地区专业化生产状况与全国的差异性反映 MAR 外部性，关注的重点是专业化生产的相对性差异。此外，吴建峰（2012）和韩峰（2012）分别从不同的角度对 MAR 外部性的复合指标体系的构建进行了探讨。Jacobs 外部性的测度指标中最常用的是赫芬达尔多样化指数（HHI）（李金滟，2008；吴三忙，2011；孙宁华，2016），是反映 Jacobs 外部性的绝对化指标。此外，熵（Entropy）是体系的复杂程度的良好测度，因而，有学者提出了 Jacobs 外部性的熵值测度指标（Hackbart & Anderson，1975）。这一指标的最大优点在于能够对 Jacobs 外部性进行异质性区分。孙晓华（2012）借鉴这一思想对中国城市经济中的 Jacobs 部性问题进行了研究。Porter 外部性的测度指标较为集中，通过构建 CP 指数测度产业竞争状况（Bun & Makhloufi，2007），用以反映 Porter 外部性较为常用。薄文广（2007）和吴三忙（2011）利用这一测度指标对我国制造业 Porter 外部性进行了测度。

2.1.2.2 外部性作用路径

纵观国内外关于产业外部性的相关文献，大致可以将有关外部性作用路径的研究归纳梳理成两条基本线索。

第一条沿瓦伊纳（Viner，1931）提出的技术外部性和金融外部性为线索展开。他以外部性能否真正影响资源配置效率为标准，将产业外部性划分为技术外部性（Technological Externality）和金融（货币）外部性（Pecuniary Externality）。其中，技术外部性强调产业内或产业间技术的外溢或扩散，且这一外部性不能通过价格机制体现出来，从而会影响资源配置的效率（梁琦，2007；潘辉，2012）。金融外部性则指基于产业前后向关联而产生的外部性，且这一外部性能够通过价格机制得以体现，因而并不会实质地影响资源配置达到"帕累托最优"的性质。由此，这一分类也恰恰体现了外部性的两种不同性质的作用路径。

---

① 费尔德曼（Feldman，1999）和张旭华（2012）也将其称之为"马歇尔专业化指数"。

第二条线索沿"地方化经济"（Glaeser，1992）、"城市化经济"（Henderson，1995）和"竞争化经济"（Groot，2016）的争论展开[①]。"地方化经济"认为外部性主要来源于产业内企业间知识和技术的外溢、扩散以及共享市场的形成，强调通过提高产业的专业化程度，能够促进外部性作用的发挥，进而推动知识和技术的创新、扩散和应用，最终推动产业发展。"城市化经济"认为产业间关联企业的多样化组织形式比单一的产业专业化更具经济活力，且能够促进产业间互补性的知识外溢与融合，是创新的重要源泉，因此，应该通过推进产业多样化以促进地区产业发展。"竞争化经济"主张通过竞争机制的构建来激发产业内或产业间企业的竞争活力。同时也指出，自由开放的市场环境是知识创新和技术发明的必要条件，也更利于要素资源的自由流通和知识的交流与碰撞。因此，应该通过竞争化产业组织形式的构建推动产业发展。

综上不难推断，第一条线索是从外部性作用过程的角度梳理外部性的作用路径，而第二条线索则是从产业组织形式及其作用效应的角度梳理外部性的作用路径。因此，将两条线索融合在一起，便能够将外部性的来源、作用过程和结果效应构建成一条完整的作用路径链条，从而能更好地反映外部性的作用机理。然而，现有的理论文献尚缺乏在此链条构建上的探索。当然，这也为本书的理论探索留下了足够的未知空间，也成为本书的研究意义之一。

2.2 产业发展理论

2.2.1 产业发展与产业增长

在经济发展水平的衡量中，以 GDP 为核心的经济规模数量指标和以经

---

① 在产业外部性对生产率影响的研究中，以亨德逊（Henderson，1995）为代表的学者认为"地方化经济"的作用更大；以格莱泽（Glaeser，1992）为代表的学者认为"城市化经济"的作用更大；而格鲁特（Groot，2016）则认为"竞争化经济"的作用更具活力和长效性。本书认为三种经济效应都起着重要作用，三者只是代表不同的作用途径而已。

济结构为核心的经济质量效益指标是不可或缺的两类经济指标（刘伟，2006）。与经济发展类似，产业发展是指产业经济的规模和结构"朝着人们期望的方向从低级向高级、从量变到质变"的演进过程，具有明确的方向性（原毅军，2012）。与产业发展相类似的一个术语是产业增长，有学者也将增长与发展视为"可以互相替代使用的两个名词（Reynolds，1977）"。尽管在某些时候二者可以互相换用，但它们之间却存在着本质区别，即产业增长可以在技术、制度和效率不变的条件下，仅仅通过要素资源的持续增加而实现产出量的增长，且具有短期性。而产业发展则是基于技术创新和制度创新而发生的结构性的经济质态的转变，且具有长期性（刘伟，2006；吕捷、胡鞍钢，2013）。具体来说，"产业增长"的内涵与外延比较狭窄，是一个偏重于经济数量变化的概念；而"产业发展"的内涵和外延则较为广泛，是一个既包含经济数量变化，又包含经济质量变化的概念（Amartya Sen，2012）。一方面，没有产业增长是不可能有产业发展的，"很难想象没有增长的发展"。同时"功能的变化总是自然而然地包含规模的变化"，而且"发展过程几乎必然依赖于某种程度的同时发生的增长"（Kindleberger，1958）。因此，产业增长是产业发展的主流，对产业发展起着基础支撑作用。另一方面，在产业经济层面，现代产业发展，不仅仅体现为产值的增长或产出规模的扩大，而且伴随着产业结构的成长与优化，其显著的特点是产出总量的高增长率和产业结构的高变动率，且产业发展也一定伴随着产业结构的合理化和高度化（周振华，1990）。也就是说，"产业发展是基于技术范式和组织变迁的产业结构发展"（原毅军，2012）。

此外，随着产业的现代化发展，特别是分工日益细化，产业部门内和产业间的生产、技术和经济联系也越来越复杂，相互依赖程度增大，结构效益上升到非常重要的地位（芮明杰，2012），且产业结构优化已经成为产业发展的核心之一（苏东水，2010），因而也被视为产业发展的一个基本支撑点。这表明，对产业发展内涵的理解已经从单纯追求产出总量的增长，发展为更加注重产业结构的优化。

综上来看，产业发展是指产业的产生、成长和进化过程，而产业增长和产业结构优化则是产业发展的两个基本支撑点。其中，产业增长强调的是产业发展的速度问题，其实质是产业发展过程中，描述投入增长和产出增长的生产函数；而产业结构优化的实质在于产业结构的转换能力和聚合能力，侧重于强调产业发展的质量问题（周振华，1992）[①]。产业增长和产业结构优化之间有着非常紧密的内在联系，且对这一联系的研究大致是按照两条平行线索分别展开的。具体而言，一条是以库兹涅茨（Kuznets，1941）、刘易斯（Lewis，1955）和钱纳里（Chenery，1989）等为代表的经济学家所主张的"总量—结构"线索，即产业增长势必引起产业规模的扩张，而这一扩张又必然会引致产业结构的演变。也就是说，随着产业经济的发展，要素资源总是自发地流向在整个产业体系中居于重要地位的产业部门。另一条是以赫希曼（Hirschman，1958）和罗斯托（Rostow，1960）为代表的经济学家所主张的"结构—总量"线索，即产业结构的演进和由此产生的主导产业部门的更替是引导产业增长的根本动力源泉。因此，如果从静态描述和动态刻画的角度，则可以更为清晰地将产业增长与产业结构优化的关系概括为：一方面，从静态角度来看，产业规模的扩大或产出总量的增长必然会加速产业结构优化的步伐，而产业结构优化也会促进产业规模或产出总量的增长；另一方面，从动态角度来看，产业经济总量的高增长率也必然会促成产业结构优化的高变换率；而产业结构优化的高变换率也同样会导致产业经济总量的高增长率。

上述论断和推理业已成为理论界的共识，且早已被众多国家的产业发展实践所证实。中国著名经济学家厉以宁（2014）[②] 在谈及经济新常态时，也认为产业发展必须兼顾速度和质量，即不仅要保障产业增长的速度，又要大力推进产业结构的调整与优化，并指出如果"结构没有得到调整，那么不仅成本会越来越高，产品的销路也会越来越窄，而且可能错过了技术创新、结构调整"的最佳调整窗口期。

因此，在现代产业经济发展中，不仅要关注产业发展的经济效果，即产业发展速度，更要关注产业发展的外部效果，即产业发展质量。也就是

[①] 周振华（1992）较早地对产业结构优化问题进行了深入研究，并构建了产业结构调节模型和产业结构优化模型。

[②] 《厉以宁破题中国新常态：三大改革最重要》，新浪财经，http：//finance. sina. com. cn/china/hgjj/20140708/155219641660. shtml。

说，产业发展是发展速度与发展质量的统一，是产业增长和产业结构优化的综合。就中国目前所处的经济发展阶段和面临的国内外环境而言，产业增长是手段和基础，侧重规模和速度问题；而产业结构优化则是途径和重点，侧重质量和效率问题。进一步来看，产业增长是产业结构优化的必要条件，更是推动产业发展的物质基础；而产业结构优化则是过往产业增长的结果和未来产业增长的途径，也是推动产业发展的主要驱动力量。因此，产业增长与产业结构优化构成了产业发展最为核心的两个方面，是产业发展的两个基本支撑点，且二者相互联系，相互作用，统一于产业发展的进程中。

2.2.2 产业结构及其优化

国际上有关产业结构和产业结构优化的重大理论突破主要集中在 20 世纪上半叶，这主要是因为二战结束后，广大发展中国纷纷获得民族独立而专注于本国的经济建设，于是发展中国家的工业化问题和经济增长问题便成为世界各国经济学家关注的热点。相比较而言，国内的研究基本肇始于改革开放之后，一方面中国面临着产业结构严重失衡的问题，另一方面思想解放和对外开放的局面，使得西方先进的产业发展理念在国内迅速扩散。因此，有关产业结构和产业结构优化的研究，就呈现出西方文献侧重理论探索和创新[①]，而国内研究则侧重既有理论的本地化应用和实证检验的现象。

2.2.2.1 产业结构

在经济学中，产业结构概念的提出始于 20 世纪 40 年代且其含义并不

---

① 例如，霍夫曼（Hoffmann，1931）提出了著名的霍夫曼定理，并刻画了工业化进程中的重工业化过程；赤松要（1935）提出了产业结构演进的"雁行形态"理论；纳克斯（Ragnar Nurkse，1953）提出了国民经济各部门均衡投资的理论；筱原三代平（1957）提出了基于收入弹性基准和生产率上升基准的主导产业选择基准理论；赫希曼（Hirschman，1958）提出了产业发展的非均衡理论和产业关联强度基准理论；罗斯托（Rostow，1963）提出了著名的主导产业理论，并强调主导产业的关联效应和扩散效应；里昂惕夫（Leontief，1966）提出了基于投入产出关系的产业关联理论以及弗农（Vernon，1966）提出的工业化过程中的产品循环发展模式理论等。

明确，当时既用来解释产业部门间的关系，也被用来解释产业内部的关系。此后，20 世纪 50 年代中期，日本在制定经济发展战略时，则明确将产业结构定义为产业之间的关系结构，而贝恩（Bain，1966）则认为产业结构并非指产业之间的关系结构，而是指产业内微观企业间的关系。随着产业经济学的进一步发展，学术界普遍以产业结构专指产业间的关系，而将产业内部微观企业间的关系称之为产业组织。中国关于产业结构的研究相对较晚，周振华（1992）较早地对产业结构问题进行了深入探讨，且将产业结构界定为各产业生产能力的配置构成方式。黄继忠（2007）强调，产业结构是指社会再生产过程中，产业体系内各产业部门间的生产技术经济联系和数量比例关系。原毅军（2012）则认为，产业结构是一个国家或地区的产业构成和产业资源的配置状态以及技术经济联系与联系方式。此外，关于产业结构的理解也有狭义与广义之分。其中，狭义的产业结构仅仅涉及产业之间关系的结构，包括产业之间的数量比例关系和投入产出联系；而广义的产业结构则还包括产业内企业间的关系结构。直到现在，关于产业结构的内涵仍未达成共识，除了上述观点外，还有部分学者将产业结构视为产业的地区分布状况。

2.2.2.2　产业结构优化

国内学者对产业结构优化（调整）的理解仍存在较大分歧。周振华（1992）认为，产业结构优化应该涵盖产业结构合理化与产业结构高度化两个维度。其中，产业结构合理化是指基于产业之间的相互联系与协作所产生的一种区别于各产业能力之和的整体能力，即强调产业间联系与协作的聚合质量；而产业结构高度化则指产业结构从较低水准的技术水平向较高水准演进的动态变化过程，即强调产业间升级过渡的转换质量。苏东水（2000）在此基础上，将产业结构优化定义为推动产业结构合理化和高度化发展的动态演进过程。黄继忠（2002）则提出了产业结构高效化理论，并强调产业结构高效化特指既定技术经济条件下，低效率产业比重不断下降而高效率产业比重不断提高的过程。史忠良（2007）进一步将转换能力优化和结构效益优化作为产业结构优化的两大关键内容，并指出产业结构优化强调的是通过产业结构调整，使各产业实现协调互促发展，进而能够满足社会不断增长的需求的动态过程。原毅军（2012）则是将产业结构优化进行了新的拓展，指出产业结构合理化、产业结构高度化、产业结构高级化和产业结构高效化等四个方面都是产业结构优化的重要方面，并分别探讨了它们之间的相互联系与区别①。

此外，产业结构优化在学术界也往往与产业结构升级、产业结构转型等概念混淆使用。郑若谷（2016）②认为，产业结构优化强调产业结构效率、产业结构水平、产业结构协调能力不断提高的过程；产业结构升级则更多地是指"产业结构中的各产业的地位、关系向更高级、更协调方向转变"的动态过程；产业结构转型则侧重产业发展从"投入增长"向"效率增长"的转型。

综上来看，产业结构优化问题作为经济学的传统领域一直备受国内学者的重视。归结起来，关于产业结构的观点可以分为两个方面：一是从产业结构的内部构成对其进行维度细分，进而更翔实而深入地探讨产业结构优化的实质。二是从产业结构的动态演进规律的视角理解和诠释产业结构优化的内涵。

2.2.3 产业发展判别与测度

产业发展的判别与测度主要包括产业增长的判别与测度和产业结构优化的判别与测度。

2.2.3.1 产业增长判别与测度

概括来看，产业增长的测度基本存在单一指标和综合指标两种测度方式。其中，综合指标的构建具有较大的异质性，且其规范性也有待进一步

---

① 此处需要指出的是，"产业结构高度化"与"产业结构高级化"并非同一概念，这与其他学者的理解存在较大区别。原毅军（2012）强调，产业结构高度化的主要标志在于"与经济发展阶段相适应的支柱产业和主导产业群的形成"，而产业结构高效化的实质则在于"结构规模由小变大，结构水平由低变高，结构联系由松变紧"等三个方面。

② 现有文献中，产业结构优化、产业结构转型、产业（结构）升级、产业结构调整等概念的内涵或外延往往彼此重叠但又各有侧重。对此，郑若谷（2016）进行了较为深入的探讨，详情参见：郑若谷. 国际外包承接与中国产业结构升级 [M]. 上海：上海人民出版社，2016：10－12.

提高，在学术界争议较大。单一指标方面，产值增长率和全要素生产率
（TFP）由于其具有含义明确和综合性较强的特点而备受学术界的青睐。其
一，产值增长率的常用指标有生产总值增长率、销售产值增长率、产业增
加值增长率、资产规模增长率、固定资产投资增长率、利润增长率以及出
口产值增长率等。其二，全要素生产率（TFP）是资源配置效率和技术进
步的综合反映，因而可以被视为测度产业增长的一个良好指标。同时，随
着 TFP 测度技术的进步，特别是 OP（Olley & Pakes，1996）、LP（Levin-
sohn & Petrin，2003）以及数据包络分析法（DEA）技术的日臻完善，使
得 TFP 测度过程中的数据内生性问题和信息耗散问题得到极大缓解，从而
有效地保障了测度结果的精确性和稳健性[①]。诸多知名的国际组织，如世
界银行（WB）、经合组织（OECD）等也普遍采用 TFP 作为考查产业增长
问题的重要指标（郑玉歆，2007）。

2.2.3.2　产业结构优化判别与测度

产业结构优化的判别主要涉及横向判别和纵向判别。横向判别，通常
采用"标准结构"对标法，即运用"对标分析"[②] 将本地区的产业结构优
化程度与对标地区进行比较，以确定本地区产业结构优化程度所处的水
平。目前流行的对标参照体系有钱纳里的产业结构"标准模式"（Chenery，
1989）、库兹涅茨的"标准结构"（Kuznets，1941）和"钱纳里—赛尔昆模
型"（Chenery & Syrquin，1975）。江小涓（1996）和黄群慧（2004）等学
者应用此标准对我国的产业结构优化问题进行了探讨。这些对标体系和理
论已经被诸多国家和地区的发展实践和大量的统计数据的分析结论所验
证，具有很强的借鉴意义。纵向判别，即按照时间维度将本地区的产业结
构优化的测度数据依次展开来观察本地区的产业结构的演进状况。这一判
别方法也常常与本地区所处的经济发展阶段和产业的生命周期紧密相关。
原毅军（2007）和干春晖（2011）分别利用不同产业部门的省级面板数据

---

① 此外，全要素生产率（TFP）测度的具体实现方式主要有非参数法和参数法两种。其中，非参数法无须设定函数形式，主要包括指数法和数据包络法（DEA）。参数法则需要设定具体的函数形式进行要素产出弹性的测度，包括收入份额法和随机边界分析法。
② "对标分析"即标杆分析法或基准分析法（Benchmarking，BMK）。

对我国产业结构优化的现实状况进行了刻画与分析。

一般而言，产业结构优化的测度通常涵盖产业结构合理化和产业结构高度化两个维度。前者主要包括结构偏离度法（唐晓华、刘相锋，2016）和泰尔熵测度法（干春晖、郑若谷，2011）；后者则包括高技术产业比重法（黄继忠，2011；冀刚，2018）、产业结构层次法（吴殿廷，2003）以及中低技术产业比重的倒数等。具体而言，结构偏离度法是要素投入结构和产出结构耦合程度的体现，既表明了产业间的协调程度，又关注了资源的配置效率，但也在一定程度上忽视了产业部门的异质性；泰尔熵一方面保留了结构偏离度的理论基础和经济含义，又考虑了产业部门的相对重要性，是产业结构合理化的一个良好度量。高技术产业比重法和产业结构层次法主要关注高技术产业的发展，能够清晰地反映产业结构的演进方向，且计算较为简便；而中低技术产业比重的倒数，则重点关注中低技术产业向高技术产业的收敛状况，既是中低技术产业自主创新发展的体现，也是高技术产业引领和驱动中低技术产业转型升级的反映。

2.3 外部性影响产业发展的理论

2.3.1 外部性对产业增长影响的文献综述

从现有文献来看，外部性与产业发展关系的研究涉及领域较为广泛，但关注的重点主要集中在知识和技术溢出（孟祥财、叶阿忠，2009；汪曲，2013；刘鑫、贺灿飞，2016；白俊红、王钺，2017；张建清、刘诺，2018）、集聚外部性（王猛、高波，2015；霍春辉、杨锐，2016；Ercole，2017；Vermeulen，2017）、FDI 外部性（易明，2013；蒋樟生，2017）、基础设施外部性（刘生龙、胡鞍钢，2010；张学良，2012；张光南、洪国志，2014）以及空间外部性（郭玉清、姜磊，2013；章韬，2013；魏守华、汤丹宁，2015；覃成林、龚维进，2016；Oort，2017）等对产业增长驱动作用的研究上，而且近年来随着产业外部性理论的日渐发展，MAR 外部性、Jacobs 外部性和 Porter 外部性在地区产业增长方面的作用受到了更多的关注。总体上，研究产业外部性与产业增长关系的文献主要侧重于四个主流研究方向。

第一，针对高技术产业展开的研究，侧重不同外部性对生产效率作用的探讨。刘满凤和吴卓贤（2013）以中国 54 个高新技术产业开发区为研究对象，探讨了外部性对产业集群经济增长状况的作用。结果表明，MAR 外部性能够显著提高产业集群的全要素生产率（TFP）以促进集聚经济的增长，但却会抑制技术进步的发展，不利于产业结构的高度化；相反，Jacobs 外部性能够促进高新技术产业集群的技术进步，推动产业结构高度化的进程，但却降低了其生产效率，阻碍了产业增长。

第二，针对传统制造业展开的研究则大都关注不同外部性（或同一外部性的不同作用强度）对产业规模或产值增长速度的影响。薄文广（2007）利用 1994~2003 年中国省级制造业面板数据考察了外部性与地区产业增长的关系。结果发现，在全国样本范围内，MAR 外部性与产业增长之间呈现显著负相关性，Porter 外部性与产业增长则是正相关性；而 Jacobs 外部性与产业增长之间却是一种显著的非线性关系，即当 Jacobs 外部性较低时，Jacobs 外部性不利于产业增长，而当 Jacobs 外部性较高时，则能够促进产业增长①。针对瑞士 1974~2009 年 12 个制造业行业数据的实证分析发现，MAR 外部性始终对产业增长表现出积极的推动作用，而 Jacobs 外部性对产业增长的影响则呈现出明显的阶段性特征，即 Jacobs 外部性对初创阶段的产业具有促进作用，对成长阶段产业的影响作用并不显著，而对成熟阶段的产业却表现出显著抑制作用（Neffke，2011）②。基于土耳其制造业面板数据的 GMM 研究结果表明，外部性对制造业各细分行业的影响存在显著的异质性（Dastan，2015）。宋振东（2017）的研究表明，MAR 外部性和 Jacobs 外部性对传统产业产出均有较强的影响，但作用方式有所

① 薄文广（2007）也同时指出，产业的规模经济属性和空间地理区位条件决定着 Jacobs 外部性对产业增长的作用方向和强度。此外，张海峰和姚先国（2010）的研究也发现，Jacobs 外部性的作用强度与企业规模的大小和劳动生产率的高低等异质性特征有关。
② 尼福柯（Neffke，2008）曾指出，外部性与产业增长的相关性作用并不是固定不变的，而是随时间不断变化的。具体来说，19 世纪中期以来，MAR 外部性呈现出缓慢下降的趋势，但 Jacobs 外部性却基本保持稳定，且 Jacobs 外部性的强弱与产业发展周期具有显著相关性。

不同①。

第三，探讨处于不同经济发展水平地区的产业外部性与本地区产业增长的研究。林秀丽（2007）从 MAR 外部性和 Jacobs 外部性对地区经济发展影响的争论入手，利用中国制造业的省级面板数据的实证分析认为，MAR 外部性对落后地区的产业发展具有负面效应，而 Jacobs 外部性却能够促进区域产业的发展。吴三忙和李善同（2011）重点探讨了中国不同区域不同产业条件下外部性与产业增长的关系，发现 MAR 外部性和 Jacobs 外部性对不同区域和不同类型制造业增长的影响存在显著差异性，但是 Porter 外部性对制造业增长始终具有显著正面效应②。吴建峰和符育明（2012）通过考查 1980~2005 年中国省级制造业面板数据，对 MAR 外部性进行的识别分析认为，在市场经济条件下，MAR 外部性的释放是推动区域产业增长的重要途径。鉴于欧洲地区经济发展呈现出"老欧洲"和"新欧洲"③的显著特点，马尔罗库（Marrocu，2013）利用 1996~2007 年欧洲 276 个地区的 13 个行业的数据，通过构建空间计量模型，实证分析了外部性对"老欧洲"和"新欧洲"不同产业劳动生产率的影响状况。研究结论表明，产业多样化（Jacobs 外部性）对"老欧洲"地区的知识密集型产业具有积极影响，而产业专业化（MAR 外部性）则对"新欧洲"地区的低端科技制造业具有显著推动作用。

第四，在产业外部性进行再次细分的基础上探讨产业增长问题。在 MAR 外部性的细分和识别研究中，胡翠和谢世清（2014）认为垂直专业化（MAR 外部性的垂直溢出）强度的大小与企业规模负相关；唐东波（2014）则从全球产业的视角认为，垂直专业化确实有助于提升产业生产率水平，而赵霞（2017）则认为，与其他性质企业相比，国有企业垂直专

---

① 宋振东（2017）指出，MAR 外部性对产业当期产出有较显著的正向作用，滞后一期对产业产出有较显著的负向作用；Jacobs 外部性对产业当期产出有显著的负向作用，滞后一期对产业产出有显著的正向作用。

② 此外，吴三忙和李善同（2011）也指出，在全国范围内，MAR 外部性对制造业增长的影响为负，而 Jacobs 外部性和 Porter 外部性则有利于制造业的增长。

③ 习惯上，"老欧洲"是指西欧地区，而"新欧洲"则指东欧地区。马尔罗库（Marrocu，2013）在文章中将"老欧洲"界定为传统的 EU15 以及挪威和瑞士等 17 个国家，而"新欧洲"则指 2014 年 5 月正式加入欧盟的马耳他、塞浦路斯、波兰、匈牙利、捷克、斯洛伐克、斯洛文尼亚、爱沙尼亚、拉脱维亚和立陶宛 10 国。

业对生产率的提升效果更为显著。在 Jacobs 外部性细分研究中，弗兰肯（Frenken，2007）首次将 Jacobs 外部性划分为相关多样化和无关多样化两种类型，而波斯玛和亚马里诺（Boschma & Lammarino，2007）则指出，这一细分具有重要意义，并指出相关多样化更容易诱发有效的互动学习和创新，进而对产业增长的作用也更为显著。孙晓华（2012）利用 2003~2009 年的地级市面板数据实证指出，相关多样化能够显著促进地区的经济增长，无关多样化不利于经济增长但却有助于改善就业结构，提高经济的稳定性。王俊松（2017）的研究认为，Jacobs 外部性并不一定都能显著促进地区经济增长，而仅仅是以知识溢出为主要特征的相关性多样化才能显著促进经济增长；相反，以"组合效应"为主要特征的无关性多样化则不能或尚未促进经济增长。

2.3.2 外部性对产业结构优化影响的文献综述

外部性与产业结构关系的文献，虽然大多集中于不同形式的外部性对产业结构优化（升级）（邓丽娜、范爱军，2014；李东坤、邓敏，2016；李超、张诚，2017；王丽、韩玉军，2017；王信敏、丁浩，2017）的研究，但将外部性区分为 MAR 外部性、Jacobs 外部性和 Porter 外部性，进而探讨三类外部性对产业结构优化作用的文献相对较少。MAR 外部性、Jacobs 外部性和 Porter 外部性对产业结构优化影响的研究，可以概括成以下三个主要方向。

第一，不同产业类型条件下外部性对产业结构升级的影响。日本 1975~1995 年数据测算的制造业、服务业、金融业和批发零售业"索洛残差（Solow Residual）"表明，MAR 外部性存在于服务业、金融业和批发零售业中，并对日本的产业结构优化升级表现出积极推动作用；但同时，Porter 外部性对制造业发展的影响却并不显著，反而对服务业发展表现出显著的积极作用（Dekle，2002）。针对欧洲 153 个地区 16 个制造业部门 MAR 外部性和 Jacobs 外部性的实证研究发现，MAR 外部性和 Jacobs 外部性都对产业发展具有重要影响，但却具有鲜明的行业异质性，即 Jacobs 外部性对高科技产业的促进作用更为显著，而 MAR 外部性则仅在中低端制造业中保持一定效应（Greunz，2004）。这也说明 Jacobs 外部性能够通过人力资本溢出效应和产业链推动效应促进产业发展。来自日本的一项研究，即利用日本东京都市圈①1975～2003 年的一位码产业②时间序列数据进行的实证研究发现，MAR 外部对大部分行业的发展（TFP）具有抑制作用，Jacobs 外部性则仅仅会对服务性行业产生影响，而 Porter 外部性则对大部分产业并无任何显著作用（Xiao - Ping Zheng，2010）。基于中国能源消耗和污染排放维度的实证研究则认为，产业间技术溢出（Jacobs 外部性）对产业结构生态化演进的影响效果呈现逐渐增强的趋势（王信敏，2017）。

第二，将地区经济发展水平纳入外部性对产业结构升级或优化影响的研究。格伦泽（Greunz，2004）认为地区经济发展水平与外部性作用的发挥具有相关性③，同时针对欧洲制造业开展的实证研究，发现 Jacobs 外部性对人才集中度较高的地区和高科技行业的促进作用较 MAR 外部性更显著，进而推断出，Jacobs 外部性可以通过人力资本效应和产业链驱动效应促进地区产业结构优化的结论。孙宁华（2016）采用 1999～2010 年的省级面板数据，考查了产业外部性对制造业产业结构调整的影响，结果发现 MAR 外部性能够有效推动东部沿海地区制造业结构的高级化，却对中西部地区产业结构的升级具有显著抑制作用，而制造业结构合理化则更多依赖于 Jacobs 外部性的存在。

第三，开始尝试外部性对不同层面的产业结构升级影响的理论研究。王春晖和赵伟（2014）通过将外部性引入垂直关联模型（Venables，1996）并加以扩展，利用模型刻画和数理推理的方法，研究认为 MAR 外部性能够引发"技术进步"层面的产业升级，进而推动产业的创新性增长；Jacobs 外部性能够引发"细分产业链"层面的产业升级，进而推动产业的结构性增长；Porter 外部性则能够引发"制度改革"层面的产业升级，进而

---

① 一般来说，日本东京都市圈是指以日本东京市区为中心半径 80 公里以内的地区，包括东京都、埼玉县、千叶县、神奈川县等。

② 日本的国民经济行业分类与中国不尽相同，文中涉及的一位码产业大致相当于中国的制造业、金融业、服务业和批发零售业等。

③ 对此，格伦泽（Greunz，2004）强调，一个地区人群集中度越高，通讯基础设施等越完善，那么动态外部性对该地区产业发展和创新的作用就会越明显。

推动产业的制度性增长①。

2.3.3　外部性对产业增长与结构优化关系影响的文献综述

产业总量高增长率与产业结构的高变动率相互交织是现代产业经济发展的显著特点②。同时，产业增长与产业结构优化的关系也历来是经济学的重点研究方向。其中，"结构红利假说"③ 和主导产业理论（Rostow，1960）在制造业领域的相关研究中被国内学者（李小平、卢现祥，2007；于斌斌，2015；傅元海，2016）广泛接纳，这恰恰是外部性作用下开展产业增长与产业结构优化关系研究的重要理论来源。但与此同时，就目前的文献来看，将外部性作为门槛变量进而考查产业增长与产业结构优化关系的研究相对很少。谢兰云（2015）运用门槛回归分析，探讨了产业结构比重的变化与产业增长的关系，并指出当工业产值比重跨越门槛值之后，产业 R&D 资本外溢对经济增长的作用会逐渐显现。王伟光和马胜利（2015）从创新驱动的视角，考查了高技术产业的技术外溢对中低技术产业增长的驱动作用，并指出知识产权、FDI 和企业规模等外部条件影响着中低技术产业增长向高技术产业收敛或发散的过程，这实际上也体现了外部性作用下产业结构优化对产业增长的驱动效应。湛泳和赵纯凯（2017）④ 参照亨德逊（Henderson，1974）和克鲁格曼（Krugman，1991）等学者的观点，通过对军民融合产业发展规律的分析和梳理，发现 MAR 外部性、Jacobs 外部性和 Porter 外部性是"军民融合"推动地区产业集聚和结构优化的关键因素，也是促进军民融合产业走向成熟的重要原因。

---

① 基于此，王春晖和赵伟（2014）构建了外部性驱动产业升级的机理链条（详见附录 D）。

② 芮明杰（2012）指出"考察现代经济增长，其显著地特点是经济总量的高增长率和经济结构的高变动率"。参见：芮明杰. 产业经济学［M］. 上海：上海财经大学出版社，2012：157。

③ "结构红利假说"是用来解释结构变动与生产率增长的重要理论，其基本思想起源于经典的二元经济模型（Lewis，1954）。

④ 湛泳和赵纯凯（2017）构建了军民融合条件下，基于 MAR 外部性、Jacobs 外部性和 Porter 外部性的产业外部性效应机理图（详见附录 E）。

2.4 本章小结

总体而言，国外和国内学者针对外部性与产业发展的研究涌现出了众多的研究成果，并已经形成了一定的理论体系。

第一，不同领域、不同学派的学者都从各自的理论视角出发，针对外部性与产业发展开展了相关研究。通过上述综述，可以发现，外部性关乎产业发展的结论已成共识，但具体到不同外部性、不同产业或区域，国内外学者的研究结论却存在较大差异。重点来看，争论主要集中于不同外部性对产业增长和结构优化的作用方向和显著程度方面，即 MAR 外部性（地方化经济）和 Jacobs 外部性（城市化经济）的争论仍在继续，而且近年来 Porter 外部性（竞争化经济）也广泛参与其中，进而使得争论愈加复杂和激烈。

第二，在实证分析中，传统统计分析方法和现代计量统计分析方法都得到了广泛而深入的应用。特别是，随着广义矩估计（GMM）思想的发展，出现了一批重要的研究成果。但同时，外部性本身存在的量化困境也使得外部性的测度指标颇受争议。

第三，国内外学者针对外部性与产业发展关系的实证研究既涉及了外部性与产业增长的研究，也关注了外部性与产业结构优化的探讨，积累了众多的实证结论。但就目前的文献来看，研究的重点仍然是外部性与增长问题，鲜有学者将产业发展的量和质聚焦为产业增长和产业结构优化两个核心方面进而综合考查外部性对其存在的影响作用。

第四，目前国内外学者的研究主要侧重于实证类的经验分析，而鲜有理论方面的突破或创新，即现有文献的重点是经典理论的实证化应用，而对经典理论的拓展、深化甚至创新则较少尝试。王耀中（2012）也认为"研究仅限于经验分析，还没有完整的理论模型和理论框架"来系统分析外部性与产业发展问题。

第3章
EGS 分析框架及其作用机理

3.1 引言

面对中国经济新常态，转换产业发展方式，促进产业增长和产业结构优化，实现产业发展量和质的协同提升，是推进供给侧结构性改革、建设现代化经济体系的内在要求，也是我国当前产业经济研究的一大课题。而在研究中国区域经济产业发展问题时，经济学者往往只关注历史条件、地理区位、要素投入以及政策利好等对产业发展的贡献或抑制作用，却很少关注外部性因素的影响。而外部性对产业发展显著的驱动和约束作用却早已被西方一些学者的研究所证明并为各国的产业发展实践所验证（Glaeser，1992；Henderson，1995；Greunz，2004；Marrocu，2013；Brock，2014；Antonelli，2017）。一方面，在理论研究中，不同学科、不同学派的学者都从各自的理论视角出发，针对外部性与产业发展进行了深入的探索。特别是 20 世纪 90 年代以来，外部性对产业发展影响的研究已经成为西方产业经济学研究的一个重点领域，并取得了众多理论成果。另一方面，现有的考查外部性对产业发展影响的文献也面临如下三个问题：（1）不同学者关于外部性内涵与来源的认识存在较大分歧，以致被认为"外部性是经济学中最难以捉摸的概念（Scitovsky，1954）"，甚至有学者认为"广义地说，经济学曾经面临的和正在面临的问题都是外部性问题（盛洪，1995）"。（2）有些学者侧重外部性对产业增长影响的研究（Cecile，2002；薄文广，2007；吴三忙，2011；孙晓华，2012；Fazio，2015），有些学者则侧重外部性对产业结构问题的研究（张德常，2009；Neffke，2011；孙宁华，2016），但鲜有学者将产业增长和产业结构优化视为产业发展的两个核心方面，进而综合考查外部性对产业发展的影响作用。(3) 国内的研究目前也"仅限于经验分析，还没有完整的理论模型和理论框架"（王耀中，2012）来系统分析外部性对产业发展的影响问题。因此，在继承和集成相关研究成果的基础之上，本章尝试从产业分工理论的视角重新挖掘外部性和产业发展的理论根源，进而将外部性、产业增长和产业结构优化纳入一个统一的理论分析框架之中，综合考查外部性对产业发展的影响作用，进而为深入探讨外部性作用下中国装备制造业发展的方向、路径和应对措施提供理论借鉴。

3.2 基本概念界定

本部分重点对本书中所涉及的外部性、产业发展及产业结构优化等核心概念进行明确界定。其中，本书所探讨的外部性特指产业发展领域有动态变化特点的产业外部性，且重点关注 MAR 外部性、Jacobs 外部性和 Porter 外部性①。同时，本书所探讨的产业发展则是既包含产业规模数量变化，又涵盖产业结构效益提升的产业发展。

3.2.1 MAR 外部性

马歇尔（Marshall，1890）首先提出了外部性的思想，并指出产业专门化程度越高，越有利于外部性的产生。具体而言，产业专业化不仅可以导致产业的空间聚集，从而降低运输和交易成本，而且还能共享专业性的劳动力与人才市场，更为重要的是产业专业化还能促成产业内技术、知识和人力资本的外溢，同时强调产业专业化产生的垄断会更利于研发的持续

---

① 格莱泽等（Glaeser *et al.*，1992）对外部性进行了系统的梳理和归纳，并明确划分为 MAR 外部性、Jacobs 外部性和 Porter 外部性，也有学者将其分别称之为产业专业化、产业多样化和产业竞争化。本书依旧沿用这一分类和命名，但同时将三种外部性的内涵进行了深化和拓展。

性投入，从而更可能促进产业创新的产生①。阿罗（Arrow，1962）② 和罗默（Paul Romer，1986）③ 以内生增长理论为依据，在强调"干中学"（Learning－By－Doing）④ 和"报酬递增"作用的前提之下，提出了以知识积累和溢出为基础的增长模型，并用以解释产业专业化的外部性作用原理。格莱泽等（Glaeser *et al*.，1992）则将这些理论归纳整理并聚合在一起，称之为马歇尔（Marshall，1890）—阿罗（Arrow，1962）—罗默（Romer，1986）外部性，即 MAR 外部性，也称为产业专业化外部性。

基于上述分析，本书认为，MAR 外部性是指由于产业专业化集聚而产生的外部性，也可称为产业专业化外部性。其核心意涵主要包括：（1）MAR 外部性来源于同一产业（部门）内，其核心是产业（部门）内知识和技术的专业性溢出；（2）MAR 外部性强调产业（部门）内企业的集聚，且能够形成规模经济效应；（3）MAR 外部性侧重产业专业化分工，且能够促成垄断的形成，进而更有利于知识和技术的专业性溢出。

3.2.2　Jacobs 外部性

与 MAR 外部性不同，雅各布斯（Jacobs，1969）针对城市产业经济

---

①　对此，学术界也存在不同的理解，且被称为"马歇尔冲突"，即产业专业化一方面会带来规模经济效益，从而降低生产、交易和运输等的成本，促进产业发展；另一方面，产业专业化的深入也必然导致垄断的产生，进而会阻碍竞争并扭曲资源配置。

②　阿罗（K. J. Arrow，1962）在《干中学的经济含义》一文中，探讨了知识的外部性问题。此后，又在《递增报酬与长期增长》（1986）一文中，通过假定知识具有外部性、知识在社会生产中呈报酬递增特点、知识自身的生产呈报酬递减特点，证明了一般均衡与要素报酬递增兼容的同时，完全可以实现经济的持续性增长。

③　需要说明的是，保罗·罗默（Paul Romer，1986）开创了新增长理论的罗默模型，与一般的增长模型有着较大区别，即罗默模型中的知识积累是通过独立的生产函数而不是通过牺牲产出来实现的，而且知识积累对知识生产具有正外部性，即生产函数中知识的报酬递增而知识积累函数中知识的报酬（近似）不变。同时，这一模型也强调在知识外部性的作用下，经济最终会收敛于一个不变的增长率。

④　戴维·罗默（David Romer，2014）认为，促使资源配置于知识资源开发的动力主要包括四种，即资助基础科学研究、民间的研发和创新动力、各类人才的备选机会以及"干中学"。其中，"干中学"是相对比较特别的，其核心思想在于"人们在生产产品时，会不可避免地想方设法改善生产过程"。因此，"有的知识积累并不是刻意努力的结果，而是常规经济活动的副产品。"这与阿罗（Arrow，1962）的思想一致（戴维·罗默（Romer David，2014）. 高级宏观经济学（第四版）[M]. 上海：上海财经大学出版社，2014：89－102. ）。

发展的研究发现，不同产业间知识和技术的溢出、扩散和融合，更能促成知识创新的实现，即只有在产业多样化而非产业专业化的环境之下，互补性知识和技术的溢出与相互交融才更能促成交叉思维的碰撞和知识新的融合，进而导致创新的实现。埃里森（Ellison，1997）也指出不同产业间的协作，对互补性知识和技术的外溢、扩散具有重要作用。库姆斯（Combes，2000）也强调，在关联性产业之间，某一产业的革新往往都会引致相关产业的发展①。此外，相关研究还发现，产业多样化能够引发市场的精细化分工，利于协作性竞争环境的营造，从而能够进一步强化产业间知识的溢出与交融（王春晖，2014）。这种基于产业多样化而产生的外部性称之为 Jacobs 外部性。同时，鉴于 Jacobs 外部性是基于对城市集聚经济的研究提出的，这一外部性理论也就必然隐含着多样化的产业在空间上集聚的思想。

基于上述分析，本书认为，Jacobs 外部性，是指由于关联性产业（部门）的多样化集聚而产生的外部性，因而也可称为产业多样化外部性。其核心意涵主要包括：（1）与 MAR 外部性不同，Jacobs 外部性来源于不同产业（部门）的企业之间，而非同一产业（部门）内的企业间（Jacobs，1969），其核心是产业（部门）间知识和技术的互补性溢出。（2）Jacobs 外部性强调关联性产业（部门）企业的集聚，即企业间往往具有投入产出的前后向关联，因而企业间的生产和经营具有显著的协作性，有利于产业（部门）内企业的协同发展。（3）Jacobs 外部性侧重产业多样性分工，分工的差异性和互补性能够加快新技术、新思想的传播（王耀中，2012），因而多样性程度越高也就越利于知识和技术的溢出（薄文广，2007）。

3.2.3 Porter 外部性

外部性理论不仅是经济学研究的一个热点，而且同样为管理学所关

---

① 对此，诸多学者也都提出了类似的观点。其中，舍雷尔（Scherer，2006）的研究就系统表明，一个产业 70% 的发明是运用于产业外的。

注。波特（Porter，1990）在竞争优势框架下，运用管理学研究方法探讨了产业外部性的来源问题。他认为产业专业化比多样化更有利于知识和技术溢出，而且开放市场环境下的市场竞争而不是垄断更能促进知识创新和技术外溢。这一思想脉络被后续学者们称之为 Porter 外部性。同时，有学者也指出 Porter 外部性不仅来源于产业内也来自产业间，即 Porter 外部性不仅要关注产业内企业的竞争和技术溢出，也应关注产业间企业的竞争和技术溢出，而且 Porter 外部性还会使得"区域内制度环境得以不断优化，机会主义倾向得以抑制"（王春晖，2014），从而更利于产业内或产业间企业的知识和技术的溢出与扩散。从这些观点中，可以推断 Porter 外部性强调高度竞争的市场能够促进产业内或产业间要素资源的自由流通，进而增加企业的创新压力，迫使其为追求更高的利润而强化对知识和技术创新的持续性投入，且竞争越激烈，越能促进创新和增长，也就为知识和技术的持续性溢出与扩散奠定了基础。

基于上述分析，本书认为，Porter 外部性是指由于产业企业竞争性集聚而产生的外部性，因而也可称为产业竞争化外部性。其核心意涵主要包括：（1）Porter 外部性来源于产业企业间，但并不强调是产业（部门）内还是产业（部门）间（王春晖，2014），其核心是知识和技术的竞争性溢出。（2）Porter 外部性强调自由、开放与公平的市场竞争环境的营造，特别是制度化的市场竞争机制的建设。（3）Porter 外部性能够促进竞争性集聚的扩张，进而推动竞争经济的实现。（4）竞争性分工是 Porter 外部性的显著特点，且认为竞争性分工更能促进思想的碰撞和知识新的融合，进而加速知识和技术的竞争性外溢。

3.2.4 产业发展

产业发展①是指产业的产生、成长和进化过程，而产业增长和产业结构优化则是产业发展的两个基本支撑点，其中产业增长强调的是产业发

---

① 此处需要着重强调的是，产业发展是个十分宽泛的概念，本书仅仅就产业发展中的产业增长问题和产业结构优化问题这两个方面进行深入探讨，而并非是将产业发展等同于产业增长和产业结构优化。

展的速度问题，其实质是产业发展过程中描述投入和产出增长的生产函数；而产业结构优化强调的是产业发展的质量问题，其实质是产业结构的聚合能力和转换能力（周振华，1992）。同时，产业增长和产业结构优化之间有着非常紧密的内在联系，且对这一联系的研究大致是按照两条平行线索分别展开的。具体而言，一条是以库兹涅茨（Kuznets，1941）、刘易斯（Lewis，1955）和钱纳里（Chenery，1989）等为代表的经济学家所主张的"增长—结构"理论线索，即在要素资源可以自由流动的前提之下，产业增长势必引起产业规模的扩张，而这一扩张又必然伴随着大规模的要素资源自发地流向在整个产业体系中居于重要地位的产业部门，进而引致产业结构的演变。另一条是以赫希曼（Hirschman，1958）和罗斯托（Rostow，1960）为代表的经济学家所主张的"结构—增长"理论线索，即在知识和技术能够自由溢出的条件下，产业结构优化和由此产生的主导产业部门的更替必然会成为引导产业增长的根本动力源泉。理论上，产业结构优化是一个动态演进过程，且产业结构优化始终是产业发展的重要任务，也是推动产业增长的永恒动力。进一步，从静态描述和动态刻画的角度，则可以更为清晰地将产业增长与产业结构优化的关系概括为：一方面，从静态的角度来看，产业增长会加速产业结构的优化的步伐，而产业结构的优化也能够有效促进产业增长；另一方面，从动态的角度来看，产业经济的高增长率必然引致产业结构优化的高变换率，而产业结构优化的高变换率也会促成产业经济的高增长率。上述论断和推理业已成为理论界的共识①，且早已被众多国家的产业发展实践所证实。党的十九大报告指出，中国经济正处在"转变发展方式、优化经济结构、转换增长动力"的攻关期。因此，在现代产业经济发展中，不仅要关注产业发展的经济效果，即产业发展速度，更要关注产业发展的外部效果，即产业发展质量。也就是说，产业发展是产业

---

① 例如，中国著名经济学家厉以宁（2014）在谈及经济"新常态"时，也认为产业发展必须兼顾速度和质量，即不仅要保障产业增长的速度，更要大力推进产业结构的优化，并指出如果"结构没有得到调整，那么不仅成本会越来越高，产品的销路也会越来越窄，而且可能错过了技术创新、结构调整"的最佳时机（胡舒立. 新常态改变中国：首席经济学家谈大趋势 [M]. 北京：民主与建设出版社，2014：3-9.）。

增长和产业结构优化的综合，是速度与质量的统一。同时，就中国目前所处的经济发展阶段和面临的国内外环境而言，产业增长是手段和基础，侧重规模和速度问题；结构优化则是途径和重点，侧重质量和效率问题。进一步，产业增长是产业结构优化的必要条件，是推动产业发展的物质基础；产业结构优化是以往产业增长的结果和未来产业增长的途径，也是推动产业发展的主要驱动力量。产业增长与产业结构优化是产业发展中最为核心的两个方面，是产业发展的两个基本支撑点，且二者相互联系、相互作用，统一于产业发展的进程之中。

因此，本书从上述理念出发，将产业发展定义为产业产生、成长和进化的过程（苏东水，2010），不仅包含产业经济规模总量的变化（产业增长），也包含产业经济结构质量的变化（产业结构优化），并将产业增长和产业结构优化视为现代产业发展的两个基本支撑点。

3.2.5 产业结构优化

理论上，产业结构既要反映产业间相互依赖、相互制约的程度和方式，也应体现要素资源在产业间的配置情况。同时，结合本书的研究主题和内容，本书认为，产业结构是指在社会再生产过程中，产业体系内产业（部门）间的生产技术经济联系和数量比例关系（黄继忠，2007）。根据这一论断，对产业结构进行优化则必须把握以下几点：（1）产业结构优化是一个动态演进过程，强调产业结构不断趋于合理化和高度化的过程。同时，不同国家或地区的不同发展阶段，其产业结构的衡量标准也是不同的，亦不能按照统一的产业结构标准去评价不同地区产业结构的优劣（黄少安，2017）。（2）产业结构优化必须强调产业协调发展和资源配置效率。（3）产业结构优化应以宏观经济效益最大化为指导。

在此基础之上，本书认为，产业结构优化是指产业结构合理化与高度化发展演进的过程。其中，产业结构合理化是指产业间协调能力的加强和关联水平的提高，是产业结构优化的基础，强调产业间的聚合质量，是要素投入结构和产出结构耦合程度的度量，且以要素资源在各产业部门的合理配置为基础，追求协调、稳定的发展。产业结构高度化[①]则是指技术进步推动下的产业结构整体素质和效率从低水平向高水平的动态演进，是产业结构优化的方向，强调产业间的结构转换质量，是产业部门高端化程度的度量，且以新技术的发明和应用为基础，追求非平衡的开放式发展。

3.3 EGS 分析框架构建

随着现代产业经济学的不断发展，外部性与产业发展的关系也被诸多国内外学者所关注[②]。克鲁格曼（Krugman，1991）认为以专业化分工为主要特征的产业专业化（即 MAR 外部性）是产业发展的主要驱动力；林毅夫（Justin Yifu Lin，2011）则认为产业发展必然会不断地从以分工多样化为主要特征的产业多样化（即 Jacobs 外部性）中受益；而芝加哥经济学派[③]则认为自由开放的市场环境能够促进产业的竞争性分工，进而推动产业竞争化（即 Porter 外部性）的形成，最终促进产业发展。亚当·斯密（Adam Smith，1776）认为分工不仅是生产力增进的根本源泉，也是产业部门分立的原因；杨小凯（2003）[④] 认为，产业结构形成的重要基础就在于分工的细化和不断深化。王伟光和马胜利（2015）[⑤] 从经济发展的产业特性出发，强调产业间知识和技术溢出对产业发展的影响，进而构建了"高技术产业—中低技术产业"两部门模型，从产业层面验证了外部性驱

---

① 有学者也将产业结构高度化称之为产业结构高级化或产业结构升级。此外，产业结构高度化与产业升级也易于混淆。实质上，产业升级强调产业由低附加值状态向高技术高附加值状态演变的过程，更多地着眼于企业层面的微观领域，而产业结构高度化则更多地强调产业层面的中观或宏观领域。

② 关于分工与外部性和产业发展的关系，新经济地理学、新结构经济学、芝加哥学派、古典经济学和新兴古典经济学都对此进行了详细论述。综合其观点，可以推断，这些学派都认为外部性、产业结构与产业增长的根源在于分工。

③ 芝加哥经济学派以亨利·西蒙（Simon）、哈耶克（Hayek）和米尔顿·弗里德曼（Friedman）等为代表，主张没有政府干预的竞争市场能使经济最有效地运行。

④ 杨小凯（2003）运用"超边际分析"（Inframarginal Analysis）的理论框架，从产业的角度对生产系统进行考查，进而讨论了产业结构的形成（详见附录 F）。

⑤ 王伟光和马胜利（2015）虽然并未直接谈及外部性问题，但其强调高技术产业的溢出作用对中低技术产业的发展具有重要影响，而这种"溢出"作用也正是外部性的核心意涵之一。此外，高技术产业驱动中低技术产业发展的两部门模型详见附录 G。

动产业发展的积极作用。

因此，从现代产业经济学理论的发展来看，分工是外部性和产业发展共同的理论基础，而且外部性对产业发展的促进作用业已成为学术界的共识。具体而言，一方面分工理论被视为外部性的根本来源。其中，MAR 外部性强调的实际上是一种专业化分工协作体系，Jacobs 外部性强调的是相互关联的产业间多样化的互补性分工协作体系，而 Porter 外部性则强调竞争性的分工协作关系。这些分工协作体系，并非是一种规范而标准化的分工协作组织体系，而是一种非正式的柔性分工协作体系。同时，MAR 外部性认为外部性来源于产业内，而同一产业的形成正是专业化分工的结果，即产业内专业化分工是 MAR 外部性的来源。类似地，Jacobs 外部性认为外部性来源于产业间，而不同产业的分立则是多样化分工的结果，因此，多样化分工也被视为 Jacobs 外部性的来源。从竞争的角度来看，Porter 外部性则来源于产业企业的竞争，而竞争性分工又是产业企业竞争的根源，由此，Porter 外部性则来源于竞争性分工。另一方面，分工也是产业发展的理论根源，是产业增长和结构优化的根本驱动力。亚当·斯密（Adam Smith，1776）的"劳动分工"理论认为"劳动生产力上最大的增进，以及运用劳动时所表现的更大的熟练程度、技巧和判断力，似乎都是分工的结果"，"凡能采用分工制的工艺，一经采用分工制，便相应地增进了劳动的生产力。各个行业之间之所以各个分立，似乎也是由于分工有这种好处"，且其核心是强调劳动分工不仅是生产效率提升的源泉，也是产业部门分立的原因。庞巴维克（Böhm–Bawerk，1889）则主张"迂回生产（Roundabout Production）"① 的分工理论，并强调迂回生产能够提升生产效率，而且迂回生产的过程越长，生产效率越高。同时，迂回生产也能够引致其他行业对分工产生诱导性需求，进而促进相关行业分工的深化和产业规模的扩

---

① 庞巴维克（Böhm–Bawerk，1889）首次提出"迂回生产"的概念，并指出"Roundaboutness, or roundabout methods of production, is the process whereby capital goods are produced first and then, with the help of the capital goods, the desired consumer goods are produced."庞巴维克是奥地利学派的主要代表人物之一，其他代表人物还包括米塞斯（Ludwig von Mises）、哈耶克（Friedrich August Hayek）以及熊彼特（Joseph Alois Schumpeter）等。此外，奥地利学派还提出了"主观边际效用""时间利息差"和"机会成本"等重要的经济学概念。参见：王志伟. 现代西方经济学流派 [M]. 北京：北京大学出版社，2016：353 –355。

张。阿林·杨格（Allyn Young，1928）对分工理论进行了拓展和深化，提出了著名的"杨格定理"，并认为从动态的角度来看，分工是一个累积的自我扩张循环的过程，不仅是一个内涵式的产业增长过程，而且是产业结构发生变化发展的重要基础（郑若谷，2016）。哈耶克（Hayek，1937）则在"劳动分工"理论的基础之上，提出了"知识分工"理论，认为劳动分工的本质是知识分工，且知识分工的深化、协调和互补从根本上推动着产业的发展。此外，马克思（Marx，1867）提出的"社会分工理论"认为社会分工是不同产业部门形成的基础，且不同产业部门之间在经济技术领域也必然存在着广泛的联系，从而导致产业结构的形成和演进。杨小凯（2003）指出，分工必然促进交易效率的提高，而"当交易效率改进时，间接生产性部门会增加"。

进一步，依据分工理论可知，产业发展的本质在于分工，正是由于分工的不断演进和深化才导致了产业规模的持续扩大，进而促成产业结构的有序变迁。同时，随着现代产业经济的发展，生产方式从部分到整体的模块化生产特点越来越明显，而且还呈现出生产流程日趋标准化的趋势，从而使得现代产业更为高效，进而更利于促进产业发展。因此，分工理论为外部性与产业发展之间关系的构建提供了坚实的理论基础，进而将外部性引入产业发展的分析也便顺理成章。与此同时，产业增长和产业结构优化作为产业发展的两个核心方面和基本支撑点，体现了产业发展质和量的统一，且产业增长与产业结构优化相互关系与协调演进问题也一直是产业经济学研究的一大热点和难点。因此，在EGS分析框架之中也必然要涉及外部性对产业增长与产业结构优化相互关系的影响问题。

基于上述分析可知，外部性和产业发展的理论基础都在于分工理论，且外部性对产业发展存在显著影响，同时外部性对产业增长与产业结构优化相互关系的作用问题也亟待探讨。因而，本书基于上述理论分析，在继承和集成经典的外部性理论和产业发展理论的基础上，构建出基于外部性（E）、产业增长（G）和产业结构优化（S）的EGS分析框架（见图3-1）。

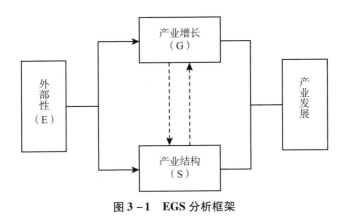

图 3 – 1　EGS 分析框架

3.4　EGS 分析框架作用机理

EGS 分析框架的构建使得外部性对产业发展影响作用的分析能够在一个统一的理论框架之下展开，从而保障了分析的系统性、全面性，也利于分析的拓展和深化。但在 EGS 分析框架内，外部性、产业增长与产业结构优化之间的作用机理却成为理论分析中的一个难点。因此，需要在外部性理论和产业发展理论的支撑之下，逐层逐步揭开外部性驱动产业发展的"黑箱"（见图 3 –2）。

3.4.1　外部性作用于产业发展的机理分析

简单来说，根据 EGS 分析框架，可以将外部性对装备制造业发展的作用机理梳理成"外部性—经济效应—产业发展"的机理链条[①]，而且依据外部性类型特点及其作用机理的差异，可以将外部性所产生的经济效应划分为"地方化"经济效应、"城市化"经济效应和"竞争化"经济效应等，且分别与 MAR 外部性、Jacobs 外部性和 Porter 外部性相对应。

---

　　① 在机理链条中，外部性产生"经济效应"的内涵颇具争议性。黄有光（Yew – Kwang Ng，1991）认为"（外部性产生的经济效应）另一个可能的附加条件是：外部效应该是伴随的效应而不是原本的效应或故意制造的效应"，但同时也指出，"原本的效应"或"故意制造的效应"亦可间接带来外部效应（参见：黄有光. 福利经济学［M］. 北京：中国友谊出版社，1991）。

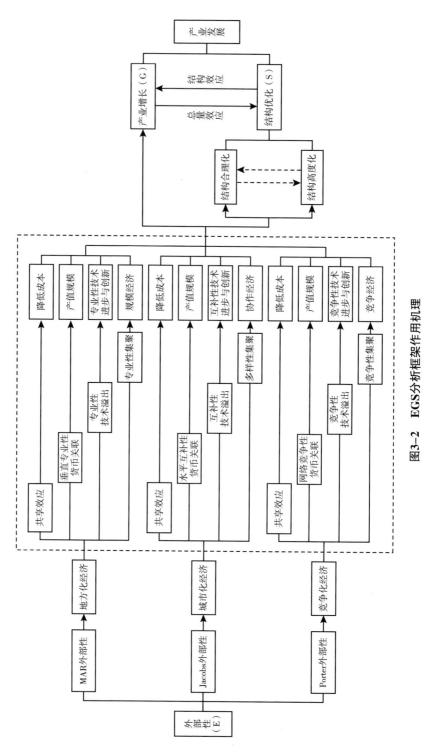

图3-2 EGS分析框架作用机理

进一步的研究表明，不同类型的经济效应又主要是通过共享机制、货币关联机制、知识溢出机制①和集聚效应机制等不同作用途径对产业发展产生影响的。具体而言，MAR 外部性源于产业专业化，具有"地方化"经济效应，且主要通过共享机制、垂直专业性货币关联机制、专业性知识溢出机制和专业性集聚效应机制作用于产业发展；Jacobs 外部性源于产业多样化，具有"城市化"经济效应，且主要通过共享机制、水平互补性货币关联机制、互补性技术溢出机制和协作性集聚效应机制等作用于产业发展；而 Porter 外部性源于产业竞争化，具有"竞争化"经济效应，且主要通过共享机制、竞争性知识溢出机制和竞争性集聚效应机制等作用于产业发展。

3.4.1.1 经济效应作用机制

共享机制是指产业部门通过劳动力及人才资源，交通、能源、信息及规章制度等基础设施以及专业的服务性中间品市场等的共享与合作而产生的不断增进各自经济效益的机制。第一，共享机制的主要作用是能够极大地降低管理、交通、生产和交易成本。例如，人才和信息资源的共享能够极大降低搜寻成本；公共基础设施的共享能有效降低运输和能耗成本；专业的服务性中间品市场的共享则能显著降低交易成本等。第二，人才资源的共享是外部性共享机制的重点。一般而言，MAR 外部性强调劳动力和人才资源的专业性，即 MAR 外部性注重专业性人才资源的共享，Jacobs 外部性则强调其能力的可迁移性和适应性，即 Jacobs 外部性注重跨行业人才资源的共享；而 Porter 外部性则关注其抗压能力以及保持和获取竞争力的能力。第三，就基础设施的共享而言，外部性主要通过基础设施共享而产生的规模效应和网络效应促进产业发展（World Bank，1994）。需要指出的是，Porter 外部性更侧重强调规章制度等软性基础设施共享所产生的经济效益。第四，中间投入品市场的共享主要体现在 MAR 外部性之中，即专业性中间品市场的完善能够显著提升产业专业化水平，增进产业专业化

---

① 法拉赫（Fallah，2004）针对知识和技术的扩散进行了详细探讨，进一步将其区分为"Knowledge Transfer"和"Knowledge Spillover"，并梳理了知识和技术的扩散路径（详见附录 H）。

生产效率，进而推动产业发展（Marshall，1920）[①]。

货币关联机制，指基于产业间垂直方向专业性生产交易关联和水平方向互补性的生产交易联系而形成的互动关联机制，主要通过价格变化得以体现。此外，市场经济体制保证了这一关联机制并不会影响资源的配置效率，即不会对产业总产出这个真实变量产生影响（Viner，1931）。也就是说，货币关联机制仅仅是一种货币现象，并不涉及资源配置效率的改善问题（贾丽虹，2007）。尽管如此，这一关联机制在外部性中大量而广泛地存在，对产业发展的作用仍不容忽视。需要指出的是，由于 Porter 外部性并不强调产业企业间的生产交易关联，因此货币关联机制更多地存在于 MAR 外部性和 Jacobs 外部性之中，且分别被称为垂直专业性货币关联机制和水平互补性货币关联机制。

关于知识溢出机制，麦道格（MacDougall，1960）首次明确了知识溢出的概念，而阿罗（Arrow，1962）则最早解释了知识溢出对经济发展的作用。杰罗斯基（Geroski，1989）认为，知识、技术甚至经验等的价值释放在一定程度上是通过传递、学习和借鉴来实现的。同时，在该过程中产生溢出也是必然现象。因此，知识溢出也被视为外部性作用得以发挥的一种有效途径。确切地说，知识溢出机制并不一定要求产业间存在专业性投入产出联系或互补性生产交易关系。同时，这一经济效应也并不能通过价格信号得到反映，即在市场经济中，知识溢出并不受价格机制调节作用的约束，因而必然会对资源配置效率产生影响。当然，知识溢出对产业总产出的影响也将是真实的。此外，知识溢出机制可依据外部性的不同类型划分为专业性知识溢出机制、互补性知识溢出机制和竞争性知识溢出机制，且分别与 MAR 外部性、Jacobs 外部性和 Porter 外部性相对应。具体而言，MAR 外部性认为，知识和技术溢出更容易出现在同一产业内，且只会在相似产业内持久维持（Marshall，1890）；同时，MAR 外部性也强调垄断更能够促进知识和技术的创新，进而保障其溢出的可持续性。Jacobs 外部性却认为，知识和技术在互补产业间比在同一产业内更易于产生溢出，且 Ja-

---

① 马歇尔（Marshall）在 1885 年的著作《产业经济学》中就指出"时代越向前发展，劳动分工也就越细化，专业化也就越强"，而且"当劳动分工非常细化的时候，每个人的所有注意力都会集中于工作的某一个操作上"，进而必然不断推动生产效率的提升和产业发展。

cobs 外部性强调互补性产业企业间的竞争而非产业内形成的垄断更能促进知识和技术的创新①。此外，Porter 外部性认同 Jacobs 外部性关于竞争的观点，认为竞争更能促成知识和技术的自由流动与扩散，因而更利于溢出的产生，但同时也强调知识和技术主要来源于产业内，并且其专业化程度对于知识和技术溢出具有很大影响（Porter，1998）。

理论上，产业集聚一般被划分为专业性集聚、多样性集聚和竞争性集聚等三类。具体而言，专业性集聚是指基于某种专业性的生产而形成的同一产业内企业的空间聚集现象，具体表现为某一区域特定行业内企业的汇集和数量的增加。此外，专业性集聚也往往呈现出单个或少数几个大企业规模不断扩大的趋势，而且随着集聚规模的发展与扩大，也就必然产生规模经济效应。多样性集聚是指基于产业间水平互补性的生产需求而形成的不同产业部门在地理空间上聚集的现象，具体表现为某一区域互补性行业内企业的汇集和数量的增加，通常也呈现出产业集聚空间不断拓展的特点，且与单个或少数几个大企业的规模拓展并无密切关系。进一步，由于多样性产业集聚依赖于产业间的互补性生产关联，因而就使得这一集聚类型天然地具有协作经济效应。竞争性集聚是指基于产业企业间的竞争互动关系而形成的产业企业在地理空间上的聚集现象。特别地，这一产业集聚类型并不强调和区分产业间还是产业内企业的聚集，且往往呈现出中小企业大量汇聚的特点。此外，竞争性集聚的发展也能够营造出良好的区域竞争环境，产生竞争经济，进而使更多的企业从中受益。

3.4.1.2　作用机理分析

一般来说，MAR 外部性对产业发展的影响主要通过共享机制、垂直专业性货币关联机制、专业性知识溢出机制和专业性集聚效应机制等四个方面展开：第一，关于 MAR 外部性经济效应的共享机制。具体而言，这一机制主要有两条作用途径。其一，通过共享专业性的人才市场、信息资源与生产技术以及共用基础设施等实现；其二，则是通过共享专业的服务性

---

① 对此，纳迪尔（Nadiri，1993）通过技术流量法和成本函数法测度了知识溢出的经济效果。其中，技术流量法侧重产业间的垂直溢出，强调知识溢出会提高其他产业的技术水平。

中间品市场得以实现且被视为共享机制的重点。一般而言，专业的服务性中间品市场的共享有利于生产的专业化和规模化，而且即使在规模报酬不变的前提下，中间投入品的共享也会引起加总的规模报酬递增。也就是说，总产出相对于总投入将会以更快的速度增长，那么平均生产效率也就必然会随着总投入的增加而不断提高。第二，MAR 外部性强调产业内的投入产出关联，即产业内部必然存在基于前后向投入生产关系的市场交易活动，因而也就必然存在广泛的垂直专业性货币关联，进而会对产值规模产生显著影响。第三，从长期技术进步来看，MAR 外部性主要通过主导产业的专业性技术溢出促进技术进步，进而推动产业增长和产业结构优化。第四，MAR 外部性能够充分发挥地区比较优势，促进产业内的专业化分工，进而产生专业性规模经济效应，降低生产与交易成本，推动产业发展。第五，MAR 外部性也认为专业性集聚效应必然会产生垄断，而垄断能够为技术研发提供大量的持续性投入，促进知识创新和技术发明，为知识的持续性溢出提供来源保障，进而提高地区产业绩效，促进产业发展。

与 MAR 外部性类似，Jacobs 外部性对产业发展的影响主要通过共享机制、水平互补性货币关联机制、互补性技术溢出机制和协作性集聚效应机制等四个方面展开。第一，Jacobs 外部性源于产业多样化，而多样化的产业格局有利于产业间企业通过共享劳动力市场、人才与信息资源、基础设施以及共性的知识和技术等以降低管理和生产成本，提升生产效率。第二，Jacobs 外部性强调互补性产业间的交易联系，而这一交易联系往往具有水平互补性货币关联效应，从而对产业产值产生影响。第三，产业间重要的知识溢出往往来源于互补产业之间，而 Jacobs 外部性能够促进知识在相关部门之间的交换，促进创新搜寻行为和新技术扩散，即互补性技术溢出机制既能提高产业生产效率，促进产业增长，也能提高产业技术水平，促进产业结构优化，进而最终推动地区产业经济发展。此外，Jacobs 外部性认为，知识溢出主要源于产业间而非产业内，因为只有在产业多样化而非产业专业化的环境之下才会存在规模庞大的互补性知识，这就使得知识溢出更易实现，也更为高效。同时，互补性知识的相互交融也更能促成交叉思维的碰撞和知识新的融合，导致创新的实现，进而为持续性的知识溢出提供源泉保障。第四，Jacobs 外部性能够引致大量互补性产业的集聚而促进不同产业之间的协作，进而产生产业协作性集聚效应。具体来看，一方面，协作性集聚效应可以有效降低关联企业的搜寻成本和运输交易成本，促进产业增长；另一方面，亦能加强企业间的沟通与交流，进而刺激互补关联产业的结构优化。此外，协作性集聚效应在增加就业机会、稳定地区产业发展方面同样作用突出。

与 MAR 外部性和 Jacobs 外部性不同，Porter 外部性并不强调产业企业间存在生产交易联系。因此，Porter 外部性主要通过共享机制、竞争性知识溢出机制和竞争性集聚效应机制作用于产业发展。具体而言，首先，Porter 外部性强调开放的产业环境，因而企业能够通过这一外部性共享良好的竞争氛围与完善的竞争机制，不断优化竞争环境，抑制机会主义倾向，进而不断降低交易费用和经济损耗，最终对产业发展带来制度层面的切实保障（王春晖，2014）。此外，由于 Porter 外部性是基于产业竞争化产生的，同样具有地理空间上的企业聚集特征，因而也同样能使企业获取共享人才资源、信息以及基础设施等的便利。其次，良好的竞争机制与氛围，有利于企业间的交流、合作与交易，从而利于知识和技术在企业间的自由扩散与传播，即 Porter 外部性更有利于知识和技术的溢出，进而推动技术创新的发展。进一步来看，Porter 外部性强调的是竞争性的市场环境更利于企业之间的交流与合作，从而能更有效地促进知识和技术的溢出，而且激烈的竞争氛围不仅为创新提供动力，而且也会给企业带来巨大的创新压力，从而在动力和压力之下，创新就更易于实现和转化。最后，Porter 外部性在产业集聚方面能够产生显著的竞争性集聚效应，能够引致产业企业间的相互交流与合作。也就是说，Porter 外部性具有较强的竞争向心力，能够对希望获取竞争效益的企业产生强烈的吸附作用，进而对地区企业竞争力的持续维护产生积极作用，最终也必然会推动产业增长与结构优化。

3.4.2 外部性作用下产业增长与结构优化的相互关系

理论研究和中国经济的发展实践都表明，产业发展是产业增长与结构优化不断演进的结果，即产业发展不仅是一个产业总量的增长过程，也是产业结构不断优化的过程（周振华，1990；原毅军，2012）。同时，在产业发展过程中，产业增长与结构优化是相互依存的（吴仁洪，1987；袁江，2009），但这种相互依存关系具有非同步性，即产业增长与产业结构优化往往难以同步发生。此外，纵观过去和当下，中国地区产业经济的发展过程便呈现出总量增长和结构优化此起彼伏的特征（侯新烁，2013）。具体而言，一方面，根据"增长—结构"理论，产业增长势必引起产业规模的扩张，而在资源和环境保护的约束之下，这一扩张不仅要求要素资源必须在产业内提高配置效率，而且还要能促进要素资源自发地流向在整个产业体系中居于重要地位的产业部门，进而引致产业结构的优化；但短期内，如果要素资源的自由流动受到抑制，那么产业增长产生的规模经济效应也可能会更为显著，从而在一定程度上会促使企业倾向于依靠扩大生产规模以降低成本，或通过粗放的增加要素资源投入量以促进增长，而忽视产业结构优化的问题，进而必然会导致产业结构的失衡或恶化。这也被称为产业增长的"结构效应"，且其前提之一便是要素资源的自由流动，但要素资源的自由流动却受到外部性的制约。另一方面，根据"结构—增长"理论，产业结构优化能促成区域主导产业部门的更替，加速新兴行业的发展，进而促进产业增长。但与此同时，"产业结构调整通常伴随着行业之间、企业之间产品结构的剧烈转换、资本构成的持续提高以及传统产业的急剧衰退"（于斌斌，2015），从而压缩了生产效率的改善空间，进而也可能导致产业增长速度的下降，且若要素资源的自由流动又受到抑制，特别是知识和技术的溢出受到阻碍，那么必然会进一步抑制产业增长的速度，这被称为产业结构优化的"增长效应"，而这一效应的前提之一也是要素资源的自由流动，特别是知识和技术等在产业内和产业间能够自由溢出，这也受到外部性的制约。

由上述分析可知，"结构效应"和"增长效应"的前提都是要素资源的自由流动，而外部性对要素资源的自由流动与知识和技术的自由溢出都具有的约束作用。因此，在EGS分析框架中，外部性约束下产业增长与产业结构优化之间的相互作用关系，实质上是指外部性对"结构效应"和"增长效应"约束作用。简单地，可以将其梳理为"外部性—要素资源自由流动—结构效应—产业结构优化"和"外部性—要素资源自由流动—增长效应—产业增长"两条机理链条。

3.5 本章小结

本章通过深入挖掘外部性与产业发展的理论根源与内涵，明确了分工作为其共同理论根基的合理性。同时，本书借鉴格莱泽等（Glaeser *et al.*，1992）的观点，将外部性区分为 MAR 外部性、Jacobs 外部性和 Porter 外部性，并将产业增长和产业结构优化视为产业发展两个核心方面，进而在此基础之上构建了基于外部性、产业增长以及产业结构优化的 EGS 分析框架，且详细阐释了其内在作用机理。

同时，本章分析也暗示了外部性对于产业发展影响的复杂性，这也正是本章拟通过构建 EGS 分析框架对此问题进行系统分析与探讨的重要原因。具体而言，一方面，本章从外部性经济效应作用途径的角度阐释了外部性对产业增长与产业结构优化的作用，并将其概括地梳理成"外部性—经济效应—产业发展"的机理链条。另一方面，本书从以库兹涅茨（Kuznets，1941）、刘易斯（Lewis，1955）和钱纳里（Chenery，1989）为代表的"增长—结构"理论和以赫希曼（Hirschman，1958）和罗斯托（Rostow，1960）为代表的"结构—增长"理论出发，阐释了外部性作用下产业增长与产业结构优化相互作用关系的机理，且简要地将其梳理为"外部性—要素资源自由流动—结构效应—产业结构优化"和"外部性—要素资源自由流动—增长效应—产业增长"两条机理链条。

因此，EGS 分析框架的构建及其内在机理链条的梳理为进一步开展实证研究指明了方向，即接下来的实证研究将分成三个部分：一是外部性与装备制造业增长实证分析，侧重考查不同外部性对产值增长率和生产效率的作用方向与强度；二是外部性与装备制造业结构优化的实证分析，侧重考查不同外部性条件下，产业结构合理化与高度化的演进路径与方向；三是外部性约束下装备制造业结构优化与产业增长关系的实证分析，侧重考查不同外部性强度下，产业结构合理化和高度化对产业增长的驱动作用。

当然，具体到中国装备制造业现实发展的角度来看，地区产业发展在很大程度上会受到政府产业发展政策导向的影响。特别是在经济新常态的大背景之下，中国经济正处在"转变发展方式、优化产业结构、转换增长动力"的攻关期，传统粗放的装备制造业发展方式受到了极大冲击。因此，地方政府在制定地区装备制造业发展政策时，应从侧重关注地区历史条件、地理区位、要素投入以及政策利好等对产业发展的贡献向更加重视MAR外部性、Jacobs外部性和Porter外部性的方向转变，即要积极探索通过营造良好的产业基础设施和制度环境，充分发挥共享机制、货币关联机制、知识溢出机制和集聚效应机制的作用，使本地区装备制造业不断在发展中形成外部性经济效应，从而促进其产业规模的持续扩大和产业结构的不断优化，实现产业发展的量与质的协同提升，切实推动装备制造业发展实现"质量变革、效率变革、动力变革"，最终促成发展方式的根本性转变。

第 4 章
外部性和中国装备制造业的
发展现状与演进趋势

4.1 引言

受不同时期特定的历史条件、时代背景、经济体制和社会经济环境的影响，外部性与中国装备制造业①的发展特点与演进趋势都有所不同。随着现代化经济体系建设的深入，新时代装备制造业发展所面临的诸多新情况、新问题，使得外部性、产业增长以及产业结构优化相应地呈现出诸多新的发展趋势。一方面，全球范围内，新一轮科技革命和产业变革呈现多领域、跨学科突破的新态势，我国装备制造业的发展也已由高速增长阶段转向高质量发展阶段，正处在"转变发展方式、优化经济结构、转换增长动力"的攻关期，面临着新旧动能转换的巨大挑战和历史机遇。另一方面，外部性在优化营商环境，持续激发市场活力和社会创造力，进而实现产业发展动能的实质性转换等方面的作用日渐显现。

因此，在深入开展外部性与产业发展关系研究的过程中，有必要首先明确外部性和装备制造业发展的现状和演进变化趋势。鉴于此，本章在借

---

① 此处需要特别说明的是，本书第4章至第7章中为避免语言重复，在未有特殊说明的情况下，直接将"装备制造业"简称为"产业"。另，关于外部性和产业发展机理等的探讨亦是针对装备制造业展开的，对其他产业而言可能未必适用。这主要是因为，外部性的产生及其作用的释放以及产业发展的特征和演进趋势等均具有较强的产业类别属性。

鉴柯成兴（Danny Quah，1997）和孙才志（2015）方法的基础之上，将核密度估计[①]应用到外部性、产业增长以及产业结构优化等经济分布活动的动态变化分析中，进而通过核密度图的移动与形状变化等观察各经济分布活动的演进特征（王昊，2017）。

4.2　研究方法

核密度分析是一种典型的非参数分析方法，主要是利用核函数描述经济分布运动，进而对经济社会现象进行分析、解读和预测。核密度估计一般无需通过先验知识对参数模型做出事前假定，而是基于数据自身结构推测回归曲面（Gibbons，2011）。因此，一方面，由于核密度估计对变量分布的限制较少而具有更强的适应性（施祖麟，2009）；另一方面，由于其对参数模型并无任何约束，进而能够有效避免"设定误差"，从而更具稳健性（陈强，2014）。鉴于此，核密度估计通常被用来描述复杂而多变的经济分布活动，而且据此也更能得出更加带有普遍性的结论（叶阿忠，2003）。

本章采用核密度分析方法以考查外部性和中国装备制造业发展状况的演进特征，主要是通过核密度估计绘制核密度分布图，进而通过对核密度分布图的位置、延展性和形状特征等的判断与分析以得到关于经济总体状况的直观且清晰的描述和推论。具体而言，经济分布主体所在的位置（密度函数的平移）反映的是地区经济变量的整体发展水平和变动状况；分布的延展性（密度函数的延伸）反映的是地区经济变量发展不平衡状况及其变动趋势；分布的形状特征（密度函数的变形）反映的是地区经济变量的分化状况及其变动趋势（安康，2012）。

核密度估计的基本原理简述如下：

假定 X_1，X_2，$\cdots$，X_n 服从同一分布，但其密度函数 $f(x)$ 未知，因此需要通过样本的经验分布函数式推导其密度函数。

---

① 一般而言，计量经济学的估计方法大体可分为参数估计（Parametric Estimation）和非参数估计（Nonparametric Estimation）两类。其中，核密度估计（Kernel Density Estimation）作为一种分布无关（Distribution Free）估计方法，属于非参数估计方法的范畴。

易知，样本的经验分布函数为：

$$F(x) = \frac{1}{n}\{X_1, X_2, \cdots, X_n\} \tag{4.1}$$

由式（4.1）可得密度函数估计式为：

$$
\begin{aligned}
\hat{f}_n(x) &= \frac{[F_n(x + h_n) - F_n(x - h_n)]}{2h} \\
&= \int_{x-h_n}^{x+h_n} \frac{1}{h} K\left(\frac{t-x}{h_n}\right) \mathrm{d}F_n(t) \\
&= \frac{1}{nh_n} \sum_{i=1}^{n} K\left(\frac{x - x_i}{h_n}\right)
\end{aligned} \tag{4.2}
$$

其中，n 表示省（自治区、直辖市）的数量；$K(\cdot)$ 表示核函数（Kernel Function），本质上就是权重函数；h 被称为"带宽（Band Width）"，且 h 越大，则核密度函数 $\hat{f}_n(x)$ 就越光滑，因而 h 也被称为"光滑参数（Smoothing Parameter）"。

式（4.2）的经济含义很明确，即经济体在给定的经济区域（省、自治区或直辖市）上出现的概率，而这一概率的确定关键在于两个方面，即核函数形式和最优带宽的确定。具体而言，一方面，核函数必须要满足以下约束条件，即

$$
\begin{cases}
K(x) \geqslant 0, \ \displaystyle\int_{-\infty}^{+\infty} K(x)\,\mathrm{d}x = 1 \\[2mm]
sup K(x) < +\infty, \ \displaystyle\int_{-\infty}^{+\infty} K^2(x)\,\mathrm{d}x < +\infty \\[2mm]
\lim_{x \to \infty} K(x) \cdot x = 0
\end{cases} \tag{4.3}
$$

由此可见，仅仅就核函数约束条件而言，一般的概率密度函数均能满足式（4.3）的要求（施祖麟，2009）。另一方面，h 不仅决定了核密度估计曲线的平滑度，也决定着核密度估计的精确度，即 h 越大，核密度估计的方差就会越小，密度函数曲线就会越平滑，但估计的偏差会越大；反之，h 越小，核密度估计的方差就越大，密度曲线就越粗糙，但估计的偏差会越小。因此，最优带宽 h 的选取远比核密度函数形式的选取更为重要[①]。通

---

① 可以证明，在相同带宽 h 下，使用不同核函数得到的核密度估计一般非常接近（陈强，2014）。

常，最优带宽主要通过最小化"积分均方误差（Integrated Mean Squared Error，简记为 IMSE）"得到，即

$$\min_h IMSE = \int_{-\infty}^{+\infty} MSE[\hat{f}(x)]\,\mathrm{d}x \qquad (4.4)$$

西尔维曼（Silverman，1986）[①] 通过求解式（4.4），证明最优带宽为：

$$h^* = \delta \Big[\int_{-\infty}^{+\infty} f''(x)^2 \mathrm{d}x \Big]^{-\frac{1}{5}} n^{-\frac{1}{5}} \qquad (4.5)$$

$$\delta \equiv \Big[\int_{-\infty}^{+\infty} K(z)^2 \mathrm{d}z \Big/ \Big(\int_{-\infty}^{+\infty} z^2 K(z)\mathrm{d}z \Big)^2 \Big]^{\frac{1}{5}} \qquad (4.6)$$

其中，式（4.6）表明，常数 δ 依赖于核函数，故最优带宽 h^* 也依赖于核函数。

因此，综上来看，核函数的选取不仅要满足式（4.3）的约束条件，更要满足式（4.5）的要求。同时，理论推导表明，Epanechnikov 核能够同时满足上述两方面的条件（陈强，2014），且其核估计 $f_n(x)$ 是 $f(x)$ 的渐近无偏估计和一致估计。故本章选取 Epanechnikov 核[②]作为核密度估计的核函数，即

$$K(x) = \frac{3}{4}(1 - x^2) \cdot I(|x| < 1) \qquad (4.7)$$

此外，鉴于中国自身的体制机制特点，特别是中国特色社会主义市场经济具有显著的"五年规划（计划）"特征，即政府制定的"五年规划（计划）"对国民经济和社会发展具有重要的宏观指导意义，从而产业经济的发展也必然会体现出"五年规划（计划）"的阶段性特征。因此，本章借鉴朱承亮（2009）的方法，利用"五年规划（计划）"安排作为时间区间的划分依据，确定"十五"（2001~2005）、"十一五"（2006~2010）和"十二五"（2011~2015）三个时期进行核密度估计[③]，以关注外部性和中国装备制造业增长状况和结构优化的一般变动趋势，进而探讨其演进特征。

---

① 最优带宽（h^*）的推导过程详见附录 I。

② 其中，$I(\cdot)$ 为指示函数，$|x| < 1$ 时，取 1；否则，取 0.

③ 实际操作中，所有经济变量均取各个时期内的均值进行核密度估计。

4.3 变量指标与数据

4.3.1 外部性指标

由第 3 章的分析可知，从动态角度看，外部性一般被区分为 MAR 外部性、Jacobs 外部性和 Porter 外部性等三种类型。

4.3.1.1 MAR 外部性

MAR 外部性核心观点可聚焦如下：（1）MAR 外部性来源于同一产业（部门）内，其核心是产业（部门）内知识和技术的专业性溢出；（2）MAR 外部性强调产业（部门）内企业的集聚，且能够形成规模经济效应；（3）MAR 外部性侧重产业专业化分工，且能够促成垄断的形成，进而更有利于知识和技术的专业性溢出。

实证文献中，度量特定产业在某一地区的 MAR 外部性，国内外学者们（Glaeser，1992；Cecile，2002；薄文广，2007；周锐波，2017）大都采用区位熵指标。其中，克鲁格曼（Krugman）专业化指数是最为常用的一种。在实际计算中，国内学者更倾向于使用产值数据，而国外学者则倾向于使用就业数据，其计算公式如下：

$$MAR_{it} = \sum_{j=1}^{m} \frac{Y_{ijt}/Y_{it}}{Y_{njt}/Y_{nt}} \tag{4.8}$$

$$MAR_{it} = \sum_{j=1}^{m} \frac{L_{ijt}/L_{it}}{L_{njt}/L_{nt}} \tag{4.9}$$

其中，Y 表示地区装备制造业产值，L 表示就业，i 表示地区，n 表示全国，j 表示产业部门，t 表示年度。鉴于本书以中国装备制造业为研究对象，因此 $j = 1, 2, \cdots, J$ 分别代表金属制品业，通用设备制造业，专用设备制造业，交通运输设备制造业，电器机械及器材制造业，通信设备、计算机及其他电子设备制造业和仪器仪表及办公机械制造业等。

具体来看，式（4.8）和式（4.9）分别通过测度地区和全国之间产业比重或就业比重的结构性差异来刻画专业化程度，MAR_{it} 值越大，表明产业专业化程度越高，即 MAR 外部性越强。反之，则表明产业专业化程度越低，MAR 外部性越弱。若 $MAR_{it} = 1$，则表明地区与全国的产业专业化程度相同。

4.3.1.2 Jacobs 外部性

Jacobs 外部性核心观点可聚焦如下：（1）与 MAR 外部性不同，Jacobs 外部性来源于不同产业（部门）间，而非同一产业（部门）内（Jacobs，1969），其核心是产业（部门）间知识和技术的互补性溢出。（2）Jacobs 外部性强调关联性产业部门企业的集聚，即企业间往往具有投入产出的前后向关联，因而企业间的生产和经营具有显著的协作性，有利于产业部门内企业的协同发展。（3）Jacobs 外部性侧重产业多样性分工，分工的差异性和互补性能够加快新技术、新思想的传播（王耀中，2012）。因而，多样性程度越高，也就越利于知识和技术的溢出（薄文广，2007）。

实证文献中，地区产业 Jacobs 外部性的度量方法较为复杂，其中多样性熵值方法（Hackbart & Anderson，1975；Frenken，2007；苏红键，2012；孙晓华，2012）和基于赫芬达尔—赫希曼指数（Herfindahl – Hirschman Index，简记为 HHI）的 AntiHHI 度量方法（Henderson，1995；李金滟，2008；吴三忙，2011；孙宁华，2016）较为常见，其计算公式如下：

$$Jacobs_{it} = \sum_{j=1}^{m} \frac{Y_{ijt}}{Y_{it}} \ln\left(\frac{1}{Y_{ijt}/Y_{it}}\right) \tag{4.10}$$

$$Jacobs_{it} = \frac{1\left/\sum_{k \neq j}^{m}\left[Y_{ik}/(Y_i - Y_{ij})\right]^2\right.}{1\left/\sum_{k \neq j}^{m}\left[Y_{nk}/(Y_n - Y_{nj})\right]^2\right.} \tag{4.11}$$

其中，Y_{ik} 为 i 地区除 j 产业部门以外所有其他产业部门的产值之和，而 Y_{nk} 为全国除 j 产业部门以外所有其他产业部门的产值之和。同时易知，$Jacobs_{it}$ 值越大，表明地区 i 的产业多样化程度越高，即 $Jacobs$ 外部性强度越高；反之，则表明产业多样化程度越低，$Jacobs$ 外部性强度也就越低。此外，值得注意的是，式（4.10）和式（4.11）也表明产业多样化具有不同的层次。因而，*Jacobs* 外部性与 *MAR* 外部性并不严格冲突，即 *Jacobs* 外部性并不必然与 *MAR* 外部性负相关（张德常，2009）。

4.3.1.3　Porter 外部性

Porter 外部性核心观点可聚焦如下：（1）Porter 外部性来源于产业企业间，但并不强调是产业（部门）内还是产业（部门）间（王春晖，2014），其核心是知识和技术的竞争性溢出。（2）Porter 外部性强调自由、开放与公平的市场竞争环境的营造，特别是制度化的市场竞争机制的建设。（3）Porter 外部性能够促进竞争性集聚的扩张，进而推动竞争经济的实现。（4）竞争性分工是 Porter 外部性的显著特点，且认为竞争性分工更能促进思想的碰撞和知识新的融合，进而加速知识和技术的竞争性外溢。

实证文献中，地区产业 Porter 外部性的度量方法较为统一，本书以赫尔本（Gerben，2004）的做法为基础，并参照布恩和马赫卢菲（Bun & Makhloufi，2007）的观点，通过构造产业竞争化指数刻画 Porter 外部性，且分别利用产值数据和就业数据进行测度，其计算公式如下：

$$Porter_{it} = \sum_{j=1}^{m} \frac{Com_{ijt}/Y_{ijt}}{Com_{njt}/Y_{njt}} \tag{4.12}$$

$$Porter_{it} = \sum_{j=1}^{m} \frac{Com_{ijt}/L_{ijt}}{Com_{njt}/L_{njt}} \tag{4.13}$$

其中，*Com* 表示企业数量。显然，$Porter_{it}$ 值越大，说明竞争环境越激烈，Porter 外部性也就越强；反之，$Porter_{it}$ 值越小，则说明地区产业 Porter 外部性也就越弱。

4.3.2　产业增长指标

4.3.2.1　实际增长

在经济增长理论中，常常以产值增长率（即年度 GDP 增长率）作为产业增长的衡量指标，一方面，产值增长率具有综合性强，简便易用的特点；另一方面，更为重要的是，产值增长率不仅是衡量一个产业经济现状及经济景气程度的指标，而且也是产业经济发展健康与否的重要指标。本书将产值增长率的计算公式设定为：

$$y_{GDP_{it}} = \frac{Y_{it}}{Y_{i,t-1}} \tag{4.14}$$

同时，理论而言，产业增长的核心内容在于效率（郑玉歆，2007），也就是说，产业增长依赖于资源配置效率的改善，而资源配置效率的改善根本上只有两条途径，即绝对技术进步和要素资源由低效率产业（部门）向高效率产业（部门）的自由流动（杨汝岱，2015）。而 Malmquist 指数（即 MI 指数）[①] 由于其具有既包含绝对技术进步导致的效率改善，也包含"效率流动"产生的整体效率改善的综合性特点而一直被学术界（原毅军，2009；马海良，2011；赵若锦，2017）和诸多国际组织作为经济增长或产业增长的衡量指标。

本书借鉴凯夫斯（Caves，1982）和法勒（Färe R，1992）的方法，将 Malmquist 指数的计算公式设定为：

$$y_{GDP_{it}} = \sqrt{\frac{E_i^t(x_{i,t+1}, y_{i,t+1})}{E_i^t(x_t, y_t)} \times \frac{E_i^{t+1}(x_{i,t+1}, y_{i,t+1})}{E_i^{t+1}(x_{it}, y_{it})}}$$

$$= \sqrt{\frac{E_i^t(x_{it}, y_{it})}{E_i^{t+1}(x_{it}, y_{it})} \times \frac{E_i^t(x_{i,t+1}, y_{i,t+1})}{E_i^{t+1}(x_{i,t+1}, y_{i,t+1})}} \times \frac{E_i^{t+1}(x_{t+1}, y_{t+1})}{E_i^t(x_t, y_t)}$$

$$= TC_{it} \times EC_{it} \tag{4.15}$$

其中，TC 表示技术进步，EC 表示效率变化；x 表示投入，即劳动和资本；y 表示产出，即产值；$E_i^t(x_{it}, y_{it})$ 表示以 t 期为参考集而得出的效率值。

4.3.2.2 趋势增长

趋势增长，也被称为潜在增长，是指在要素资源和技术条件得到充分利用的条件下，经济系统所能够实现的增长（郭晗，2014）。从产业发展

---

① Malmquist 指数最初由 Malmquist（1953）提出，凯夫斯（Caves，1982）首先将该指数用于生产效率变化的测算。此后，法勒（Färe R，1992）将其与数据包络分析（DEA）理论相结合，并在生产率测算中得到广泛应用。该方法主要是通过保持决策单元（Decision Making Units，DMU）的输入或者输出不变，借助于数学规划和统计数据确定相对有效的生产前沿面。然后，将各个决策单元投影到 DEA 的生产前沿面上，并通过比较决策单元偏离 DEA 前沿面的程度来评价其相对有效性。实际操作中，本章是在相邻前沿交叉参比条件下，借鉴成刚（2017）的方法，利用数据包络分析法进行 Malmquist 指数计算的。

的角度来看，趋势增长也是分析产业经济运行态势的重要工具，尤其也是政府相关部门制定产业发展政策的重要依据。因此，本书采用滤波技术分离出产值增长率和 Malmquist 指数中的趋势成分，并将其作为装备制造业趋势增长的衡量指标。具体而言，滤波分离技术主要有 HP 滤波法（Hodrick & Prescott，1997）、BP 滤波法（Backus & Patrick，1992）和 Kalman 滤波法（Basdevant，2004）等，但 HP 滤波法具有简便易用和使用广泛的特点，且其对增长趋势的描述与刻画也更为合理（郭庆旺，2004）。因而，本书选择采用 HP 滤波法进行趋势性分离。一般地，HP 滤波法中趋势成分的具体提取过程通过最小化式（4.16）得到，即

$$\sum_{t=1}^{T} (\ln y_{it} - \ln y_{it}^*)^2 + \lambda \sum_{t=2}^{T-1} \left[(\ln y_{i,t+1}^* - \ln y_{it}^*) - (\ln y_{it}^* - \ln y_{i,t-1}^*) \right]^2$$

$$(4.16)$$

其中，T 为样本长度；λ 为惩罚因子，且此处取 $\lambda = 100$[①]；y 表示装备制造业产值增长率或 Malmquist 指数，y^* 则为潜在产出增长率或潜在 Malmquist 指数。

4.3.3 产业结构优化指标

由第 3 章的论述可知，产业结构优化是指产业结构协调能力、产业结构水平和产业结构效率不断提高的过程，通常被区分为产业结构合理化和产业结构高度化两个维度（周振华，1992；芮明杰，2012；唐晓华，2016）。

4.3.3.1 产业结构合理化

产业结构合理化是要素资源（劳动和资本）投入结构和产出结构耦合程度的综合体现，强调产业（部门）间的聚合质量。由此，产业结构合理化的度量必须既要体现产业资源配置效率，又要反映产业（部门）间的协调程

---

① λ 是一个平滑性参数，表示的是趋势部分和周期部分的一个权重比。理论上，λ 的最优值应为趋势项方差与周期项方差之比，但这如同"以未知求未知"一样，极易导致偏误。因此，λ 的取值便一直是 HP 滤波计算中的一个争论焦点。例如，卢二坡和曾五一（2008）认为 λ 应该取 100（Backus & Kehoe，1992；卢二坡、曾五一，2008），而 OECD 则建议取 25。此处，本书遵循前者，取 $\lambda = 100$。

度。在实证文献中，国内学者一般采用结构偏离度（陈素青，2004；张大儒，2013；唐晓华，2016）和 Theil 指数（干春晖，2011；孙宁华，2016）对产业结构合理化程度进行测度。同时，鉴于装备制造业劳动密集和资本密集的双重属性，本书采用"生产—就业"结构与"生产—投资"结构分别计算装备制造业结构偏离度和 Theil 指数。其中，结构偏离度的计算公式为：

$$SDE_{it} = \sum_{i=1}^{k} \left| \frac{Y_{ijt}/L_{ijt}}{Y_{it}/L_{it}} - 1 \right| = \sum_{i=1}^{k} \left| \frac{Y_{ijt}/Y_{it}}{L_{ijt}/L_{it}} - 1 \right| \tag{4.17}$$

$$SDE_{it} = \sum_{i=1}^{k} \left| \frac{Y_{ijt}/K_{ijt}}{Y_{it}/K_{it}} - 1 \right| = \sum_{i=1}^{k} \left| \frac{Y_{ijt}/Y_{it}}{K_{ijt}/K_{it}} - 1 \right| \tag{4.18}$$

由式（4.17）和式（4.18）可知，Y_{ijt}/L_{ijt} 和 Y_{it}/L_{it} 表示劳动生产率，Y_{ijt}/K_{ijt} 和 Y_{it}/K_{it} 表示资本产出率，而 Y_{ijt}/Y_{it} 表示产出结构，L_{ijt}/L_{it} 表示就业结构，K_{ijt}/K_{it} 表示资本结构。因此，SDE_{it} 既体现了要素资源的配置效率，也体现了产业出结构和要素结构的耦合性。同时，根据古典经济学的基本假设可知，当经济处于均衡状态时（$SDE_{it}=0$），各产业（部门）的劳动生产率或资本产出率相同，且产业结构与就业结构或资本结构也完全匹配。也就是说，产业结构合理化水平此时达到了最优状态。此外，式（4.17）和式（4.18）也表明，SDE_{it} 值越大，则表明经济越偏离均衡状态，即产业结构合理化程度越低；反之，SDE_{it} 值越小，则表明经济越趋近于均衡状态，即产业结构合理化程度越高。

Theil 指数的计算公式为：

$$ESR_{it} = \sum_{i=1}^{k} \frac{Y_{ijt}}{Y_{it}} \ln\left(\frac{Y_{ijt}/L_{ijt}}{Y_{it}/L_{it}} \right) = \sum_{i=1}^{k} \frac{Y_{ijt}}{Y_{it}} \ln\left(\frac{Y_{ijt}/Y_{it}}{L_{ijt}/L_{it}} \right) \tag{4.19}$$

$$ESR_{it} = \sum_{i=1}^{k} \frac{Y_{ijt}}{Y_{it}} \ln\left(\frac{Y_{ijt}/K_{it}}{Y_{it}/K_{it}} \right) = \sum_{i=1}^{k} \frac{Y_{ijt}}{Y_{it}} \ln\left(\frac{Y_{ijt}/Y_{it}}{K_{it}/K_{it}} \right) \tag{4.20}$$

式（4.19）和式（4.20）表明，Theil 指数不仅承袭了产业结构偏离度的良好性质，保留了其内在的理论基础和经济学含义，而且它还考虑到了产业（部门）的相对重要性，并很好地规避了绝对值的计算。因此，被诸多学者认为是产业结构合理化的更好度量。与 SDE_{it} 类似，当经济处于均衡状态时（$ESR_{it}=0$），产业结构合理化水平此时亦达到最优状态，且 ESR_{it} 值越大，则表明经济越偏离均衡状态，产业结构越不合理；反之，

ESR_{it}值越小，则表明产业结构越趋于合理化。

4.3.3.2 产业结构高度化

产业结构高度化是产业发展对自身结构扬弃的过程（王元地，2007），强调产业结构的转换质量，实际也是产业结构升级的一种衡量（干春晖，2011），其核心在于生产技术的创新及其产业化推广。此外，产业结构高度化实际也是传统产业比重不断降低而高新技术产业比重不断上升的过程。因此，产业结构高度化指标必须强调产业部门的技术升级状况。现有文献中，产业结构高度化的度量指标较多，也较为成熟，但大致可以区分为产值比重类指标（郑若谷，2011；刘相锋，2016；冀刚，2018）和层次结构类指标（吴殿廷，2003）两大类。

高新技术产业比重（即 Hemi 比重）测度的产业结构高度化计算公式为：

$$ESU_{it} = \frac{\sum_{f=1}^{m} H_{ift}}{Y_{it}} \tag{4.21}$$

同时，鉴于装备制造业中低端产业升级的迫切性，由式（4.21）也不难得出中低技术产业比重倒数（AntiBemi 比重）测度的产业结构高度化的计算公式，即

$$ESH_{it} = \frac{1}{1 - \sum_{f=1}^{m} H_{ift}/Y_{it}} = \frac{Y_{it}}{Y_{it} - \sum_{f=1}^{m} H_{ift}} \tag{4.22}$$

其中，i 表示地区，f 表示高新技术产业部门，t 表示年度；H_{ift} 表示地区 i 高新技术产业 f 在年度 t 的工业总产值。这两种测度指标，不仅能够简洁地表现出装备制造业内部结构层次的变化，而且更能反映知识和技术的创新与产业化推广状况，集中体现了产业结构高度化的内涵本质。

另一方面，产业结构高度化也可通过产业层次结构进行测度，其计算公式为：

$$ESW_{it} = \sum_{m}^{n} \sum_{j}^{m} \frac{Y_{ijt}}{Y_{it}} \tag{4.23}$$

其中，i 表示地区，j、m 和 n 表示产业部门且 j 具有次序性，即 j 的数值越大表明该产业部门的技术含量越低，t 表示年度；Y_{ijt}/Y_{it} 表示地区 i 排

序为 j 的产业部门在年度 t 的工业总产值占地区 i 工业总产值的比重。这一度量指标既体现了产业部门有序演进的趋势，又能够清晰地反映装备制造业技术密集度不断提升的路径，明确地昭示了装备制造业由要素资源依赖向技术依赖转变的发展方向。

总体来看，ESU_{it} 和 ESH_{it} 都很好地体现了装备制造业各产业部门的技术含量不断提升的要求。其中，ESU_{it} 是从高端装备制造业自身发展的角度刻画装备制造业结构高度化进程的，ESH_{it} 是从中低技术产业向高技术产业收敛的视角，刻画装备制造业结构高度化进程的。同时，ESW_{it} 则尝试性地将 ESU_{it} 和 ESH_{it} 结构性地集成到一起，既反映了高度化对技术含量的重视，又体现了产业结构由传统的低技术产业部门向现代化的高新技术产业部门演进的趋势。

4.3.4 数据说明与描述性统计

本章数据主要来源于 2001~2016 年的《中国工业经济统计年鉴》《中国高技术产业统计年鉴》、国研网《工业统计数据库》、部分省（自治区、直辖市）的《统计年鉴》以及国家统计局官方网站等，包括 30 个省份（鉴于数据连续性和可比性的考虑，本章数据并未涵盖西藏以及我国的港澳台地区）的相关数据。其中，产值类和投资类数据均以 2000 年为基期分别利用工业品出厂价格指数和固定资产投资价格指数进行定基处理，且本章亦借鉴刘春（2015）的做法对部分地区的数据进行了上下 1% 的 Winsorize 处理，以消除异常值对研究结论所可能产生的影响。

本章所涉及各主要变量的描述性统计如表 4-1 所示。

表 4-1 变量描述性统计

变量	测度指标	符号	样本	均值	标准差	最小值	最大值
产业增长	产值增长率（实际）	$y_{GDP_{it}}$	90	1.189	0.091	0.995	1.412
	产值增长率（趋势）	$y_{GDP_{it}}^*$	90	1.184	0.074	0.962	1.398
	MI 指数（实际）	$y_{MI_{it}}$	90	1.093	0.070	0.950	1.317
	MI 指数（趋势）	$y_{MI_{it}}^*$	90	1.086	0.063	0.936	1.305
MAR 外部性	Krugman 指数（产值）	MAR_{it}	90	7.314	1.147	5.190	12.41
	Krugman 指数（就业）		90	7.185	0.542	6.128	8.882

续表

变量	测度指标	符号	样本	均值	标准差	最小值	最大值
Jacobs 外部性	多样性熵值	$Jacobs_{it}$	90	1.572	0.251	0.453	1.827
	AntiHHI 指数		90	5.639	1.252	2.746	7.854
Porter 外部性	产值竞争指数	$Porter_{it}$	90	11.90	9.397	5.809	76.21
	就业竞争指数		90	8.023	2.546	3.732	17.59
产业结构 合理化	SDE 指数（就业偏离）	SDE_{it}	90	2.298	1.220	0.598	7.191
	SDE 指数（投资偏离）		90	2.516	2.394	0.591	14.06
	Theil 指数（就业熵）	ESR_{it}	90	0.070	0.073	0.004	0.411
	Theil 指数（投资熵）		90	0.056	0.061	0.006	0.417
产业结构 高度化	Hemi 比重	ESU_{it}	90	0.209	0.153	0.015	0.596
	AntiBemi 比重		90	1.330	0.331	1.016	2.562
	产业结构层次指数	ESW_{it}	90	2.112	0.178	1.778	2.557

资料来源：作者计算整理①。

4.4 实证分析

4.4.1 装备制造业区域分布特征

21 世纪以来，中国装备制造业的空间分布格局呈现出新动向（见图 4 - 1），广东、浙江、上海、江苏和山东等东部省市要 "腾笼换鸟"②，而广大中西部地区则提出要积极承接来自沿海地区的产业转移。因此，沿海地区的产业结构升级和中西部地区承接产业转移的举措必然会对装备制造业的既有空间分布格局产生深刻影响。近年来，国内学者分别基于古典和新古典区位论、新经济地理学、产业集群理论及新贸易理论对此进行了相关研究（吴三忙，2010；赵曌，2012；石敏俊，2013；刘清春，2017；

---

① 需要指出的是，在未有特殊说明的情况下，本书第4章至第7章所有以表格形式呈现的数据或实证检验结果，其数据来源均为：作者计算整理。

② 此处，"腾笼换鸟" 是指产业经济发展过程中的一种战略举措，即把现有的传统制造业从目前的产业基地 "转移出去"，再把 "先进生产力" 转移进来，以达到经济转型和产业升级的目的。

冀刚，2018）。因此，在进行核密度分析之前，本章有必要对装备制造业的空间分布格局（见图4-1、图4-2）①进行探讨，从而能够更好地考查外部性和装备制造业的发展现状与演进趋势。

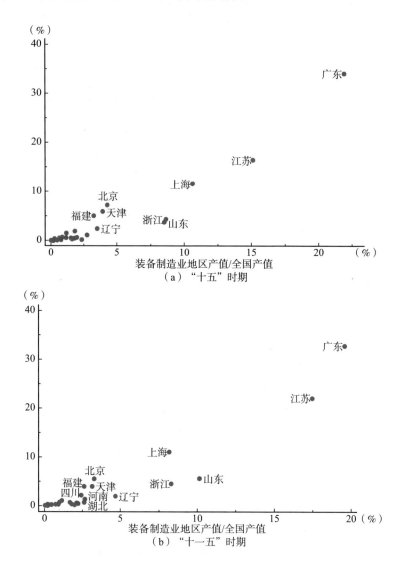

（a）"十五"时期

（b）"十一五"时期

① 图4-1和图4-2的横坐标均表示装备制造业地区产值占全国装备制造业产值的比重（%），图4-1的纵坐标表示各地区高端制造业产值占全国高端制造业产值的比重（%）；图4-2的纵坐标表示各地区高端装备制造业产值占本地区装备制造业产值的比重（%）。

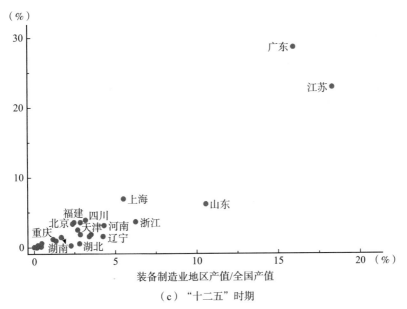

（c）"十二五"时期

图 4 - 1　中国高端装备制造业地区产值比重分布

　　21 世纪以来，中国装备制造业的产值规模急速扩张（见图 4 - 1、图 4 - 2 横坐标），发展迅速，且"东扩西进"趋势明显。具体而言，首先，东部沿海地区依然是装备制造业规模扩张的重点区域，且广东、江苏和山东等三个地区的发展带动作用显著；其次，长江经济带①在承接东部地区装备制造业转移方面成效显著，逐步成为带动内陆装备制造业发展的新引擎（吴传清，2017）。最后，中国装备制造业的区域分布并不均衡，特别是广大内陆地区发展仍较为滞后，这反映出中国装备制造业的产业转移仍具有很大空间，更深刻地揭示出中国装备制造业发展的"不平衡"问题仍较为突出。

　　从中国高端装备制造业地区产值比重分布来看（见图 4 - 1 纵坐标），首先，整体上中国高端装备制造业发展较为迅速，且呈现出"由点到面"不断扩张延展的特点，即广东、江苏和山东是高端装备制造业发展的先导区，并逐步向周边省区扩展。其次，高端装备制造业的重点分布区域与装备制造业的重点分布区域高度吻合，这说明雄厚的基础产业及其相互协作是高端装备

---

①　国家发改委印发的《长江经济带创新驱动产业转型升级方案》中，将长江经济带明确界定为覆盖上海、江苏、浙江、安徽、江西、湖北、湖南、重庆、四川、云南和贵州 11 省市的区域。

产业得以迅速发展的重要保障。最后，图4-2也显著表明，高端装备制造业呈现出"阶梯式"向内陆地区进行产业转移的趋势，而在这一趋势的带动之下，广大内陆地区的装备制造业也获得了迅速发展，这表明高端装备制造业的"西进内迁"已经成为带动广大内陆地区装备制造业迅速发展的重要途径。

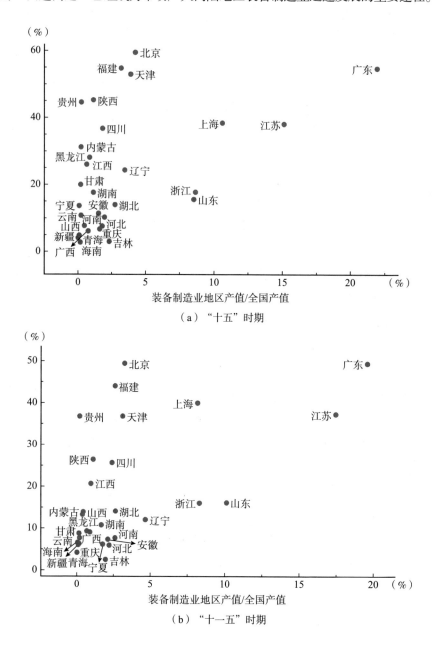

（a）"十五"时期

（b）"十一五"时期

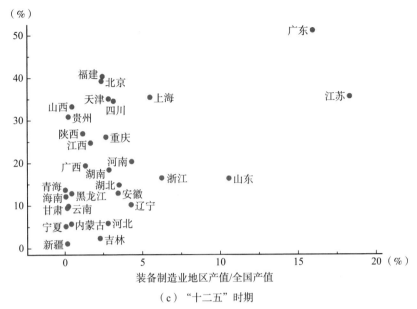

（c）"十二五"时期

图 4 - 2　中国各地区高端装备制造业产值比重分布

从各地区高端装备制造业产值比重分布来看（见图 4 - 2 纵坐标），高端装备制造业占各地区装备制造业总产值的比重普遍较低，也就是说，中低端的装备制造业仍是大部分地区装备制造业的主体，这也与我国装备制造业在全球产业价值链（GVC）的位置现状相吻合。这一方面表明，中国高端装备制造业发展的"不充分"问题较为严重，面临着艰巨的产业技术升级任务；另一方面也表明，中国装备制造业在全球价值链中的"中低端锁定"问题仍未取得实质性突破，面临的产业转型和结构优化的压力依然十分沉重。

4.4.2　装备制造业外部性演进特征

在进行外部性核密度分析的过程中，鉴于外部性的复杂性和测度指标的多样性，针对 MAR 外部性分别采用产值熵和就业熵进行 Krugman 指数的核密度分析（见图 4 - 3）；针对 Jacobs 外部性采用较为常用的多样性熵值和赫芬达尔—赫希曼指数的倒数（AntiHHI）进行核密度分析（见图 4 - 4）；针对 Porter 外部性则分别基于产值和就业数据进行产业竞争指数的核密度分析（见图4-5）。

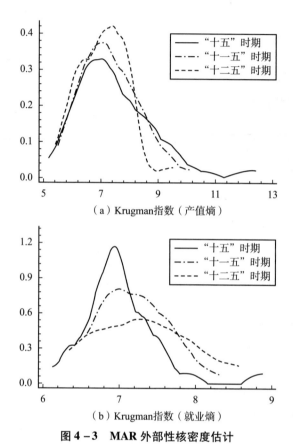

（a）Krugman指数（产值熵）

（b）Krugman指数（就业熵）

图4-3 MAR外部性核密度估计

（a）多样性熵值

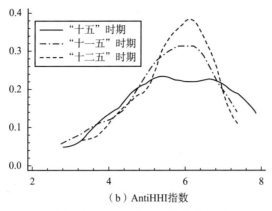

（b）AntiHHI指数

图 4－4　Jacobs 外部性核密度估计

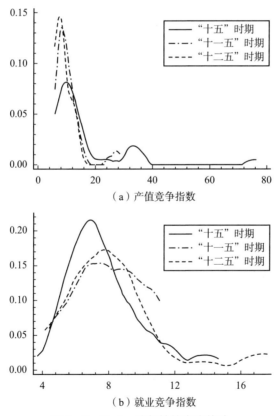

（a）产值竞争指数

（b）就业竞争指数

图 4－5　Porter 外部性核密度估计

图4-3显示，第一，MAR外部性密度曲线的核密度分布[1]呈现出整体不断水平右移的特点，表明装备制造业MAR外部性总体在不断增强。其次，MAR外部性核密度分布的右拖尾现象逐渐缓解，特别是图4-3（a）表现更为显著，这表明装备制造业MAR外部性的极端值在不断减少。第二，结合装备制造业结构性改革的现实，可以推断各地区单纯依靠粗放的要素资源投入而获取产业规模化发展的现象在不断减少。第三，整体形态而言，MAR外部性的核密度分布表现为右偏单峰分布，这说明装备制造业中处于中等专业化水平的地区数量比重较大，且构成中国装备制造业MAR外部性的主体。第四，图4-3（a）和图4-3（b）对比后可见，产值熵测度的MAR外部性较就业熵测度的MAR外部性更为紧凑，各曲线的峰度也更低，而后者则更具动态性也更为复杂，这可能与产值的高稳定性和就业的强变动性有关，但总体上二者表现出相同的演进特征。

图4-4显示，第一，Jacobs外部性的核密度分布呈现出整体不断水平右移的特点，表明装备制造业Jacobs外部性总体在不断增强。第二，Jacobs外部性的核密度分布左拖尾现象依然十分显著，而且图4-4（a）和图4-4（b）都表现较为明显，这表明装备制造业Jacobs外部性提升是一个持续演进的过程，且其后续演进动力仍十分强劲。同时，结合装备制造业的发展现实，可以推断，我国装备制造业的产业协作性在不断增强，且对协作生产与经营的需求十分旺盛。第三，从整体形态而言，Jacobs外部性的核密度分布表现为左偏单峰分布，且图4-4（a）表现得更为显著，这说明装备制造业中处于较高多样化水平的地区数量比重较大，且构成Jacobs外部性的主体。第四，图4-4（a）较图4-4（b）的峰度更大，变动敏感性更强，而图4-4（b）的演进层次更为显著，这可能与多样性熵值侧重结构区分度而AntiHHI指数侧重结构成长性的自身特点相关，但总体上二者表现出相同的演进特征。

图4-5（a）显示，第一，Porter外部性的核密度分布呈现出整体不断水平左移的特点，这表明装备制造业企业规模在不断发展壮大，生产效率也在不断提升；而图4-5（b）呈现出整体不断右移的特点，则表明装备

---

[1]　简洁起见，本书下文中"密度曲线的核密度分布"直接表述为"核密度分布"。

制造业出现劳动短缺状况，或者说高素质劳动需求旺盛。这两点也恰恰与当前我国装备制造业发展的现实状况相吻合。也就是说，整体上我国装备制造业自身的竞争力在不断增强，但同时也面临着更为严峻的人才竞争格局。第二，图 4 - 5（a）中 Porter 外部性的核密度分布右缩尾现象依然十分显著，而图 4 - 5（b）中却是右拖尾现象较为明显。这表明装备制造业企业的规模扩张受到抑制，而高素质人才的需求更加迫切。因此，可以推断"人才瓶颈"可能是制约装备制造业继续扩张的重要因素。此外，这也从侧面反映出今后较长时期内，装备制造业将面临更为严峻的竞争格局。第三，整体形态而言，图 4 - 5（a）和图 4 - 5（b）中 Porter 外部性的核密度分布均表现为左偏单峰分布。这表明，目前条件下，装备制造业的发展与人才结构基本契合，但未来的发展状况则出现分化，这一点在两图的尾部特征上得到验证。第四，尽管产值竞争指数测度的 Porter 外部性和就业竞争指数测度的 Porter 外部性的演进特征有着明显差异，但二者都共同体现了装备制造业面临的竞争环境在不断优化，当然，给企业带来的竞争压力也在逐年增强。

4.4.3　装备制造业增长状况演进特征

从图 4 - 6 可以看出，装备制造业实际增长状况较为复杂，但整体上呈现出增速减缓的趋势，这恰恰也与中国经济步入新常态的发展状况十分契合。具体而言，一方面，产值增长率核密度分布的水平运动趋势存在反复，即"十一五"期间，其核密度分布右移趋势显著，这可能主要得益于"十大产业振兴规划"中装备制造业振兴措施的具体落实。而 Malmquist 指数的核密度分布却一直保持左移趋势，且在"十一五"期间也未出现反复。究其原因，主要在于产值增长率侧重产业规模扩张的速度，而 Malmquist 指数则侧重产业生产效率的改善状况，而同时"十一五"期间的"十大产业振兴规划"也更多的是应对金融危机冲击的短期刺激政策，且主要作用于装备制造业的增速保持问题而非生产效率的改善问题。因而，这就导致了"十一五"期间，产值增长率的核密度分布右移显著，而 Malmquist 指数则继续左移的现象。进一步看，这也导致了产值规模扩张与生产效率改善之间的错位，从而使产能过剩问题被凸显出来，也成为"十二五"期间，实施供给侧结构性改革的一个重要渊源。另一方面，就核密度分布的延展性和形态而言，图4-6（a）和图4-6（b）的拖尾现象并不显著，且均呈现单峰分布特征，偏态特征也并不明显，这说明无论是产值增长率还是Malmquist指数其发展状况都较为稳定。也就是说，中国装备制造业正在步入平稳健康的发展阶段。

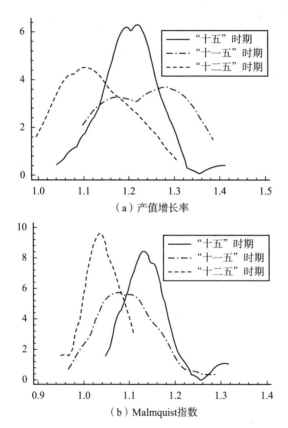

图4-6　装备制造业增长核密度估计（实际增长）

从图4-7可以看出，整体上，装备制造业趋势增长状况呈现出显著的阶段性增速减缓趋势，且产值增长率的减缓趋势较为平稳，而Malmquist指数的减缓趋势较为剧烈。具体而言，一方面，装备制造业产值增长率和Malmquist指数核密度分布整体上呈现出显著的水平左移趋势，这说明中国装备制造业的趋势增长状况在放缓，这也预示着将来一个较长时期内，中国装备制造业的发展将处于一个平稳发展的阶段。同时，这也暗示出中国装备制造业转型升级已经成为其发展的方向和重点，因此，产业结构高度化问题必然会受到更多关注。此外，装备制造业的趋势增长并未受到"十一五"期间经济刺激政策的显著影响，也未出现反复，这也说明短期的经济刺激政策并不会改变产业发展的整体趋势和未来预期。另一方面，就核密度分布的延展性和形态而言，装备制造业的实际增长与趋势增长状况十分相似，即图 4 - 7（a）和 4 - 7（b）的拖尾现象并不显著，且均呈现单峰分布特征，偏态特征也并不明显。这说明，无论是产值增长率还是 Malmquist 指数其未来发展趋势都较为稳定。

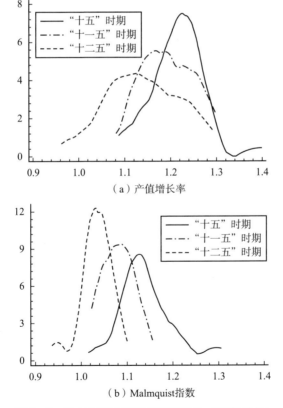

（a）产值增长率

（b）Malmquist指数

图 4 - 7　装备制造业增长核密度估计（趋势增长）

4.4.4　装备制造业结构优化演进特征

产业结构优化的演进是产业系统内部结构的相互调节过程的趋势（高洪深，2014），具有多要素结构性或层次关联性。因此，产业结构合理化分别采用生产与就业结构的耦合程度（见图4-8）以及生产与投资结构的耦合程度（见图4-9）进行考查，而产业结构高度化则采用产值比例关系和产业结构层次（见图4-10）进行考查，从而可以多角度地阐释装备制造业结构优化的演进特征和趋势状况①。

4.4.4.1　装备制造业结构合理化演进特征

从生产结构与就业结构耦合程度的角度来看，图4-8（a）和图4-8（b）都清晰地表明，装备制造业结构合理化核密度分布的位置、延展性和形状特征等方面均呈现出高度的一致性。首先，产业结构合理化的核密度估计呈现出渐进左移的趋势，也就是说，装备制造业生产结构与就业结构的耦合程度在不断提高，即产业结构合理化水平在逐步提升。其次，整体而言，产业结构合理化的核密度分布右拖尾现象较为明显，且图4-8（b）还存在反复，这表明我国各地区装备制造业结构合理化水平发展的"不平衡"问题仍较为突出，且产业结构合理化的进程也并非一帆风顺。最后，产业结构合理化的核密度分布具有显著的右偏单峰分布特征。图4-8（b）中核密度分布的峰度和峰值急剧提升，集中化态势明显，并呈现出阶段性攀升的特征。这表明，装备制造业结构合理化程度不断提高，且阶段性地向高度合理化程度收敛，也就是说，较高水平的产业结构合理化正主导着我国地区装备制造业的发展进程，这也是21世纪以来中国装备制造业保持持续快速发展的基础。

---

① 关于产业结构优化演进趋势的研究，高洪深（2014）主张应采用相关分析法以解释其复杂的内在机制和动态演进路径，亦即产业结构优化演进趋势的研究需要与就业、知识、投资、进出口结构的优化过程相联系（见附录J）。

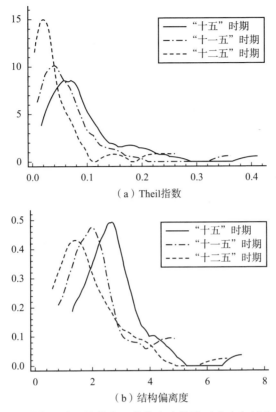

图 4 - 8　装备制造业结构合理化核密度估计（生产与就业结构）

　　从生产结构与投资结构耦合程度的角度来看，图 4 - 9（a）和图 4 - 9（b）呈现的核密度分布的整体运动趋势并不同步，且差异较大，但核密度分布的延展性和形状特征则表现出较高的一致性。具体而言，首先，产业结构合理化的核密度分布平移趋势存在反复，即"十一五"期间其右移趋势明显，也就是说，这一时期生产结构与投资结构的耦合程度出现下降，产业结构合理化水平降低。究其原因，主要是 2008 年金融危机之后，中国政府出台的"四万亿"投资刺激计划，对经济活动进行强力干预，这对缓解金融危机造成的经济困难起到了重要作用，但客观上也导致了装备制造业生产结构与投资结构的严重失衡。其次，装备制造业结构合理化水平核密度分布的右拖尾现象也较为复杂，这也再次印证了中国各地区装备制造业结构合理化水平发展的曲折性。最后，整体上，产业结构合理化核密度分布

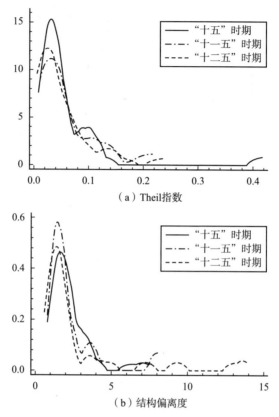

图 4 - 9　装备制造业结构合理化核密度估计（生产与投资结构）

仍具有显著的右偏单峰分布特征，但其偏度和峰度较图 4 - 8 更大，这既清晰地体现出投资结构较就业结构更为复杂，且其变化也更具敏感性，也说明投资结构的调整在经济困难时期不仅是市场和政府关注的重点，也是政府干预产业结构优化进程的重要手段和途径之一。

4.4.4.2　装备制造业结构高度化演进特征

从图 4 - 8 不难看出，装备制造业结构高度化（ESU）的核密度分布较为复杂，但总体上核密度分布的位置、延展性和形状特征等方面均呈现出较为一致性的特点和趋势。具体而言，第一，产业结构高度化的核密度估计分布整体上呈现出水平右移趋势，这说明中国装备制造业结构高度化水平在不断提升，但提升的速度较慢，幅度也不大。这主要是由于，一方面，产业结构高度化的提升本身既是一个技术创新或更新的过程，具有较大的风险性，又是一个生产技术产业化推广的过程，具有较长的迟滞性，这就造成了产业结构高度化水平的提升必然较为缓慢。另一方面，中国装备制造业发展的地区差异性和非同步性，也对其高度化水平的整体提升产生了较强的抑制作用，进而导致高度化水平的提升幅度也必然不会太大。第二，就核密度分布的延展性而言，图 4 - 10（a）和 4 - 10（b）的右拖尾现象较为明显，说明高端装备制造业的自主发展和中低端装备制造业的自主升级都呈现出不断成长的态势；而图 4 - 10（c）的右拖尾现象并不显著，表明中国装备制造业的产业结构层次仍然较为稳固，尚未表现出可能出现较大变动的趋势。因此，综合来看，装备制造业结构高端化具有不断发展的趋势，但尚未真正对产业结构层次产生根本影响，也就是说，中国装备制造业结构高度化演进的"不充分"问题较为突出，所面临的技术创新和升级及产业化推广的任务十分紧迫。第三，就核密度分布的形态而言，产业结构高度化的核密度分布均呈现出右偏单峰分布的特征，而更为明显的是"十一五"期间其峰值和峰度均变化剧烈。究其原因，这主要是金融危机后，"四万亿"投资刺激计划和"十大产业振兴规划"① 强力干预

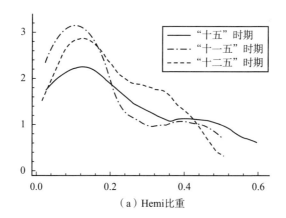

（a）Hemi比重

---

① 2009 年初，为积极应对国际金融危机的冲击，国务院将钢铁、汽车、船舶、石化、纺织、轻工、有色金属、装备制造业、电子信息以及物流业等列入《十大产业振兴规划》，并出台了一系列政策利好以促进其结构优化升级，全面提升其产业竞争力。

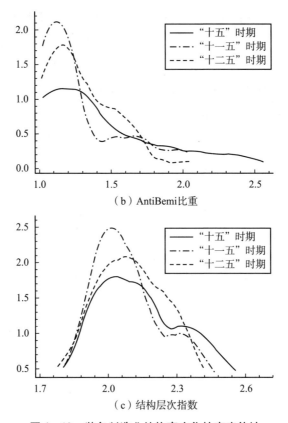

图 4 – 10　装备制造业结构高度化核密度估计

经济的结果，这在短期内急剧推升了装备制造业结构高度化水平，但这种主要依靠投资拉动的高度化缺乏坚实的技术支撑和稳固的产业基础，必然会干扰产业结构的整体优化进程。

4.5　本章小结

本章主要运用核密度分析法（KDE）对外部性与中国装备制造业发展的现状和演进趋势进行探讨。

第一，本章简要介绍了核密度估计的基本原理，并详细讨论了外部性、产业增长和产业结构优化的各类测度指标及其计算公式、侧重点和实际应用情况，从而为后续的实证分析做好了准备。

第二，本章从装备制造业发展的空间维度详细阐释了中国装备制造业和高端装备制造业的区域分布特点。结果表明，21 世纪以来中国装备制造业的产值规模急速扩张，发展迅速，且"东扩西进"趋势明显。中国高端装备制造业发展也较为迅速，且呈现出"由点到面"不断扩张延展的特点。同时，装备制造业和高端装备制造业的地区产值分布并不均衡，特别是高端装备制造业占各地区装备制造业总产值的比重也普遍较低，这反映出中国装备制造业发展的"不平衡"和"不充分"问题依然较为严峻。

第三，本章系统阐释了 MAR 外部性、Jacobs 外部性和 Porter 外部性的演进变化特征。具体而言，中低程度的产业专业化是中国装备制造业 MAR 外部性的主体，且大部分地区装备制造业的 MAR 外部性在不断减弱；较高程度的产业多样化是中国装备制造业 Jacobs 外部性的主体，且装备制造业中高程度多样化的地区较为集中；中高程度的产业竞争化是中国装备制造业 Porter 外部性的主体，且呈现出不断强化的趋势。

第四，本章从产业发展的实际增长和趋势增长的角度，阐释了中国装备制造业产业增长的演进趋势。结果表明，整体上中国装备制造业增长状况呈现出增速减缓的趋势，这恰恰也与中国经济步入新常态的发展状况十分契合。

第五，本章将产业结构优化区分为产业结构合理化和高度化，并分别阐释了中国装备制造业结构合理化与高度化的演进趋势。具体而言，中国装备制造业结构合理化水平不断提高，且合理化程度呈现出阶段性向高度合理化水平收敛的态势；相反，中国装备制造业结构高度化水平却相对较低，且其演进方向和趋势较为复杂，具有不稳定性的特点。

第 5 章
外部性作用下装备制造业
增长实证研究

5.1　引言

　　产业增长是产业发展的首要任务，"人们一旦开始思考（经济增长）这个问题，就再也不会去想其他事情"（Lucas，1988）[1]。理论上，产业增长是产业发展的重要组成部分，对产业发展具有基础支撑作用。具体而言，一方面，没有产业增长是不可能有产业发展的，"很难想象没有增长的发展"；另一方面，"功能的变化总是自然而然地包含规模的变化"，而且"发展过程几乎必然依赖于某种程度的同时发生的增长"（Kindleberger，1958）。具体到装备制造业而言，装备制造业作为为国民经济和国防建设提供技术装备的基础性产业，是制造业的核心组成部分，与其他产业关联度大，带动性强，是国民经济增长的重要引擎，更是推动产业升级、技术进步和进一步深化供给侧结构性改革的重要保障。特别是21世纪以来，中国装备制造业发展迅速，产业规模、技术水平和国际竞争力均获得大幅提升。同时，装备制造业的全球价值链（Global Value

---

① 戴维·罗默（Romer David）著，吴化斌，龚关译. 高级宏观经济学（第四版）［M］. 上海：上海财经大学出版社，2014：5 - 6.

Chain，GVC)[①] 地位指数也呈现出不断改进的趋势，与 2002 年相比，2011 年的地位指数提升了约 43%（林桂军，2015）。此外，伴随国际产业格局的加速调整和国内供给侧结构性改革的不断深化，地区装备制造业的增长特性和增长模式也在不断发生变化和转型。在此过程中，加快转变的增长驱动力量与延缓或阻碍增长的制约力量往往交织在一起，其中外部性就是最主要的影响力量之一。从国外文献来看，一方面，外部性对产业增长存在重要影响业已成为国外学者的共识，但具体到不同地区和不同产业，外部性的作用机理、影响方式和显著性程度等均存在较大争议。另一方面，尽管国外国学者针对外部性对产业增长的研究做出了巨大努力，但这些研究往往只注重于外部性作用性质、作用方向和显著程度的讨论，而鲜有文献对其背后的原因进行深入挖掘。从国内文献来看，学者们更多的是从产业结构、区域差异、技术创新、外商投资（FDI）、产业集聚以及国际贸易等角度来研究其对中国装备制造业增长的影响（王万珺，2010；王威，2013；陈爱贞，2014；林桂军，2015；唐晓华，2016），并取得了丰硕的理论成果，但针对外部性对中国装备制造业增长状况影响的研究却十分有限。

因此，为弥补现有国内外文献的上述不足，本章做出如下两点努力：第一，基于格莱泽等（Glaeser *et al.*，1992）的理论将装备制造业的产业外部性区分为动态的 MAR 外部性、Jacobs 外部性和 Porter 外部性，进而挖掘外部性对产业增长影响的内在作用机理；第二，将产业增长区分为实际增长和趋势增长，并利用中国 2001～2015 年装备制造业面板数据实证检验 MAR 外部性、Jacobs 外部性和 Porter 外部性对装备制造业增长的作用效应。

---

① GVC 地位指数可以被用来衡量中国装备制造业参与全球价值链活动的水平。理论上，生产或出口产品复杂程度和技术含量的高低均可以通过产品价格体现出来，因此，学术界多采用中间品的相对价格水平作为 GVC 地位指数的测度指标。林桂军和何武（2015）的研究表明，整体而言，中国装备制造业正处于快速增长期，但其在全球价值链中的位置仍然处于相对较低的水平。

5.2 外部性驱动装备制造业增长的作用机理

5.2.1 MAR 外部性与装备制造业增长

MAR 外部性对装备制造业增长的驱动作用主要是通过"地方化"经济效应发挥作用的。具体而言，第一，MAR 外部性认为，同一产业（部门）内的企业在某一区域内大量集中，一方面，必然会创造出专业性的劳动力和人才市场，并催生专业的服务性中间产业，进而有效降低企业的人才、信息、资源和市场等的搜寻成本；另一方面，也会有效提高既有基础设施的利用效率，或者倒逼当地基础设施的建设和完善，进而降低企业的生产和运输成本。第二，MAR 外部性能够促进产业内集聚的不断发展，而且在这一过程中也必然伴随单一或少数几个大企业的迅速扩张，进而对其他企业产生示范和带动作用，最终形成规模经济效应，推动产业增长。第三，专业化分工是 MAR 外部性的显著特点，而且专业化分工的持续增强，会加剧产业内企业集聚的推进速度，促进大企业的快速发展，也就势必导致垄断的产生，而垄断能够实现外部性的内部化，有利于知识和技术的深度交流与融合，进而促进知识和技术的深化与创新。同时，垄断也能够使企业获得更多的利润，激励企业进行持续性的创新投入，从而构建起知识和技术溢出的长效机制。

此外，需要特别关注的是，就中国装备制造业发展的实际状况来看，MAR 外部性的"当地化"经济效应可能会受到如下因素的挑战。具体而言，一方面，装备制造业 MAR 外部性的"当地化"经济效应也可能是基于地区主导产业的扩散机制和带动机制发挥作用的，而地区主导产业又多具有国有资本的背景。因此，在供给侧结构性改革的大背景之下，国有资本控制下的装备制造业必然会积极响应改革号召，退出过剩产能，淘汰落后产能，这势必会压缩产出增长的空间；另一方面，MAR 外部性产生的产业内集聚未必会通过加速知识和技术的溢出而促进其产业化推广，而有可能仅仅是通过集聚产生的规模经济效应引致的交易成本下降或更多的要素资源投入，进而对知识和技术的溢出产生替代作用，反而可能引致 MAR 外部性阻碍装备制造业整体技术进步和效率提升。因此，综合来看，MAR 外部性对装备制造业产业增长的影响效果较为复杂。

5.2.2　Jacobs 外部性与装备制造业增长

Jacobs 外部性对装备制造业增长的驱动作用主要通过"城市化"经济效应发挥作用。具体而言，第一，关联产业（部门）的集聚能够通过共享资源、信息和知识以降低企业成本，并有效提升企业和产业（部门）的生产效率。第二，在 Jacobs 外部性条件下，一方面，关联性产业（部门）的集聚比单一产业（部门）内的集聚更能给地区产业发展带来活力，促进思想的碰撞和知识的融合，而且跨产业（部门）的交流与沟通，更能互通有无，彼此借鉴与学习，进而促进知识和技术的互补性溢出。另一方面，知识和技术在关联产业（部门）间的溢出，能够促成知识和技术的交叉融合与重组，进而推动创新搜寻行为和新技术的扩散，从而提高资源的配置效率，推动产业增长。第三，Jacobs 外部性能够促进产业（部门）间的互补性分工协作，并在生产经营过程中显著提高物质资源、信息资源以及人才和技术资本等要素的配对机会，从而实现协作经济，推动产业（部门）间企业的协同有序发展，进而促进产业增长（孙晓华，2012）。

5.2.3　Porter 外部性与装备制造业增长

Porter 外部性对装备制造业增长的驱动作用主要通过"竞争化"经济效应发挥作用。具体而言，第一，Porter 外部性认为制度化规范化的市场竞争机制能够保障要素资源的自由流通，从而降低其流动成本，提高资源配置的效率。第二，在 Porter 外部性条件下，竞争性集聚能够得到迅速的扩张，促进竞争经济的实现。同时，竞争经济不仅能够产生网络效应，对企业产生更大的吸引力，而且，竞争经济也能够增加企业的创新压力，促使企业为了自身生存或是追求更大的利润而不断增加其对知识和技术的创新投入，最终提升产业整体的资源配置效率，增加产业产出。第三，Porter 外部性认为，竞争性分工是一种优胜劣汰的分工模式，更具效率性，因而更能促进新知识和新技术的产业化推广与应用（吴三忙，2011），最终促进产业的增长。

综合上述分析，可以将外部性驱动产业增长的作用机理梳理为"外部性—经济效应—资源配置效率—产业增长"的机理链条（见图 5-1）。其中，知识和技术的溢出作为外部性的核心（张旭华，2012）是驱动产业增长的主要力量。

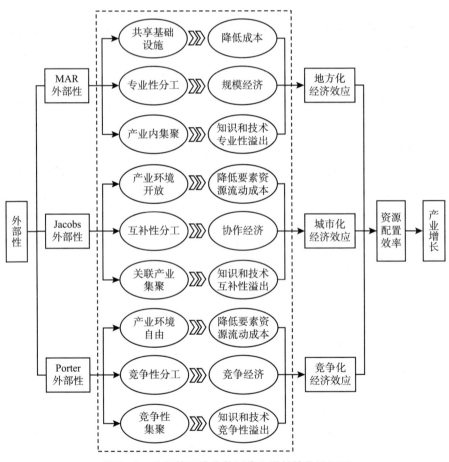

图 5-1 外部性驱动装备制造业增长的作用机理

注：本图在绘制过程中参考了刘沛罡和王海军（2016）的"产业结构专业化、多样化与经济增长影响机理"图（详见附录 K）。此外，虽然作者将产业专业化和产业多样化归入产业结构的范畴，但实质上是指 MAR 外部性和 Jacobs 外部性。

5.3 研究设计

5.3.1 模型构建

相对于 CES 生产函数①和 Translog 生产函数②而言，C－D 生产函数因具有测度直观、结构简约和实用性强的特点而备受研究者所青睐（鲁晓东和连玉君，2012）。因此，本章在假设边际规模报酬不变（Constant Return to Scale，CRS）的条件下，采用 C－D 生产函数进行变换，以扩展成含有外部性的产业增长率模型，其目的在于分析外部性对产业增长状况的影响（薄文广，2007）。

模型构建：

$$Y_{it} = A_{it} K_{it}^{\alpha} L_{it}^{\beta} \quad \alpha > 0 \quad \beta > 0 \quad \alpha + \beta = 1 \qquad (5.1)$$

其中，i 表示地区，t 表示年份；Y 表示某一产业的年度产出值，K 和 L 则分别表示资本和劳动投入。

对式（5.1）进行自然对数和线性处理，可得式（5.2）：

$$\ln Y_{it} = \ln A_{it} + \alpha \ln K_{it} + \beta \ln L_{it} \qquad (5.2)$$

其中，α 和 β 分别代表资本和劳动对总产出的贡献率。本章的研究目的在于考查外部性对中国装备制造业增长状况的影响，因而，将式（5.2）取滞后 1 期并相减，则可以导出关于增长率的模型，即

$$\ln \frac{Y_{it}}{Y_{i,t-1}} = \ln \frac{A_{it}}{A_{i,t-1}} + \alpha \ln \frac{K_{it}}{K_{i,t-1}} + \beta \ln \frac{L_{it}}{L_{i,t-1}} \qquad (5.3)$$

在式（5.3）的基础之上，借鉴吴三忙（2011）的方法，将 MAR 外部性、Jacobs 外部性和 Porter 外部性等引入装备制造业的增长率模型，即

$$\ln \frac{A_{it}}{A_{i,t-1}} = \phi \ln MAR_{it} + \gamma \ln Jacobs_{it} + \varphi \ln Porter_{it} + \mu_{it} \qquad (5.4)$$

---

① CES 生产函数即常替代弹性（Constant Elasticity of Substitution）生产函数，由索洛（Robert Solow，1956）首先提出，阿罗（Arrow）和钱纳里（Chenery）等又进行了拓展和推广。

② Translog 即 "Transcendental Logarithmic" 的简写组合，而 Translog 生产函数是一种变弹性生产函数，本质上是 C－D 生产函数的近似二阶泰勒展开。

其中，MAR 外部性、Jacobs 外部性和 Porter 外部性为主要考查变量，而将其他因素归入扰动项 μ_{it}。因此，将式（5.4）代入式（5.3）并进行简化，可得到：

$$\ln y_{it} = \phi \ln MAR_{it} + \gamma \ln Jacobs_{it} + \varphi \ln Porter_{it} + \alpha \ln k_{it} + \beta \ln l_{it} + \mu_{it} \quad (5.5)$$

值得注意的是，在地区产业发展过程中，装备制造业也会受到其他诸多因素的影响和约束。其中，增长惯性①就是主要的影响因素之一，即"经济增长特性转变不仅受到当前增长状态的影响，同时也受到其过去经济增长轨迹的约束"（吕捷、胡鞍钢，2013）。因此，鉴于增长惯性的作用，本章将 y_{it} 的滞后 1 期（$y_{i,t-1}$），作为控制变量引入式（5.5）。从而，最终将 C - D 生产函数转化为外部性对中国装备制造业产出增长率影响的计量检验模型，即式（5.6）：

$$\ln y_{it} = \phi \ln MAR_{it} + \gamma \ln Jacobs_{it} + \varphi \ln Porter_{it} + \ln y_{i,t-1}$$
$$+ \alpha \ln k_{it} + \beta \ln l_{it} + \mu_{it} \quad (5.6)$$

此外，易知式（5.6）实际上是外部性对产出实际增长率影响的实证检验模型，反映的是外部性对中国装备制造业产出增长速度现实发展状况的影响，而潜在产出增长率即实际产出增长率中的趋势成分，具有表征产出增长潜力的特点，更能反映产出增长的未来趋势和可持续性问题（许召元，2005）。因而，本章在式（5.6）的基础上，构建出外部性对中国装备制造业潜在产出增长率影响的实证检验模型，以进一步考察外部性对中国装备制造业产出增长趋势的影响，即式（5.7）：

$$\ln y_{it} = \phi \ln MAR_{it} + \gamma \ln Jacobs_{it} + \varphi \ln Porter_{it} + \ln y_{i,t-1}$$
$$+ \alpha \ln k_{it} + \beta \ln l_{it} + \mu_{it} \quad (5.7)$$

5.3.2　变量与数据说明

5.3.2.1　指标选取

解释变量方面，MAR 外部性、Jacobs 外部性和 Porter 外部性分别由第

① 关于增长惯性，此处特指地区产业经济保持其原有增长态势和特征，且短期内难以发生转变的性质。

4 章的 Krugman 指数（MAR_{it}）、多样性熵值（$Jacobs_{it}$）和产业竞争指数（$Porter_{it}$）获得；被解释变量方面，产业增长状况由装备制造业年度产值增长率（y_{GDP}）获取。此外，根据模型推导过程，本章将资本投入（k_{it}）和劳动投入（l_{it}）视为控制变量。

5.3.2.2　数据来源与描述性统计

本章数据主要来源于《中国工业经济统计年鉴》（2000~2016）、国研网《工业统计数据库》和国家统计局官方网站等。其中，部分缺失数据通过各省（自治区、市）的《统计年鉴》补齐。此外，鉴于数据可得性、连续性和可比性要求，样本数据并不包含我国西藏以及港澳台地区的装备制造业相关数据。

本章所涉及各变量的描述性统计结果如表 5-1 所示。

表 5-1　　　　　　　　变量描述性统计

变量	符号	样本	均值	标准差	最小值	最大值
实际 GDP 增长率	y_{GDP}	450	1.189	0.135	0.690	1.921
潜在 GDP 增长率	y_{GDP}^*	450	1.184	0.077	0.903	1.428
MAR 外部性	MAR_{it}	450	7.314	1.194	4.838	13.260
Jacobs 外部性	$Jacobs_{it}$	450	1.572	0.257	0.352	1.844
Porter 外部性	$Porter_{it}$	450	11.900	12.000	4.676	15.000
资本投入	k_{it}	450	1.120	0.169	0.603	1.122
劳动投入	l_{it}	450	1.037	0.115	0.511	1.783

5.4　实证分析

5.4.1　外部性对装备制造业增长影响作用的实证检验

在回归分析中，为降低变量内生性问题对回归结果的干扰，采用 IV

估计方法进行回归分析以检验外部性对装备制造业 GDP 增长状况的影响。同时，由于在工具变量个数多于内生变量时，GMM 估计方法更有效率（陈强，2014），因而本章同时也采用 GMM 估计方法进行实证检验（见表 5-2）。回归分析中，各项回归的 Hansen 检验[①]表明，工具变量的选取是合理的，也是稳健的，估计结果是可信的。

首先，就外部性对装备制造业实际 GDP 增长率的影响作用来看，MAR 外部性、Jacobs 外部性和 Porter 外部性对装备制造业实际 GDP 增长率影响的作用方向、作用强度和显著性水平均存在较大差异性。具体来看，一方面，MAR 外部性对装备制造业实际增长具有并不显著的负面效应（表 5-2 中模型 1～模型 4）。鉴于 MAR 外部性现实中更多地表现为基于规模经济而发挥作用，且这一作用又往往依赖于投资的增加和要素资源的大规模投入，且规模经济还可能对技术创新和推广产生"挤出效应"。因此，在投资结构失衡[②]、要素资源粗放投入受到抑制（如环保控制）以及规模经济"挤出效应"的共同作用之下，MAR 外部性必然会对装备制造业 GDP 产出增长率表现出一定的负面效应。另一方面，Porter 外部性和Jacobs 外部性则对装备制造业实际 GDP 增长率具有显著的正向作用，即某地区的 Porter 外部性和 Jacobs 外部性强度每增加 1%，则该地区的装备制造业实际 GDP 增长率会分别增加 0.1% 和 0.2% 左右。同时，Porter 外部性的显著性水平（1%）要高于 Jacobs 外部性（10%），但 Jacobs 外部性的作用贡献率却要远大于 Porter 外部性（$\varphi/\gamma > 1$），这体现出 Porter 外部性与Jacobs 外部性相互交织、协同作用的特性[③]。无论如何，从上述分析不难推断，不断完善市场竞争机制和着力加强产业间的生产协作性已经成为促进装备制造业增长的重要路径。

其次，就外部性对装备制造业潜在 GDP 增长率的影响作用来看，MAR外部性、Porter 外部性和 Jacobs 外部性对装备制造业潜在 GDP 增长率的影响

---

① Hansen 检验的原假设为"所有工具变量都有效"，如果 P 值大于 10%，表明在 10% 的水平下无法拒绝原假设，即工具变量的选取是合适的。

② 根据非平衡增长理论，投资结构不平衡并不一定是负面的，反而也可能促进产业的迅速发展，但投资结构失衡在短期内确实会引起经济的波动。

③ 鉴于 Porter 外部性和 Jacobs 外部性的这一特点，因此，此处将二者均视为内生变量是合理的，而且内生性检验也验证了这一点（模型 1～模型 8 中，内生性检验的 p 值均保持在 0.5% 以下）。

表 5 - 2　中国装备制造业面板 GMM 估计分析

变量	实际 GDP 增长率 (y_{GDP})				潜在 GDP 增长率 (y_{GDP}^{*})			
	IV 估计		GMM 估计		IV 估计		GMM 估计	
	模型 1	模型 2	模型 3	模型 4	模型 5	模型 6	模型 7	模型 8
$\ln MAR_{it}$	-0.0712 (-0.8311)	-0.0778 (-0.9179)	-0.1015 (-1.2352)	-0.0738 (-0.8735)	0.0203*** (2.6913)	0.0204*** (2.6937)	0.0204*** (2.6930)	0.0204*** (2.6955)
$\ln Jacobs_{it}$	0.1998* (1.7323)	0.2079* (1.8072)	0.2099* (1.8240)	0.2021* (1.7628)	0.0409*** (3.5348)	0.0409*** (3.6175)	0.0407*** (3.5566)	0.0410*** (3.6773)
$\ln Porter_{it}$	0.1082*** (2.7439)	0.1138*** (2.8652)	0.1125*** (2.8616)	0.1109*** (2.8125)	0.0152*** (3.2128)	0.0152*** (3.2710)	0.0151*** (3.2176)	0.0152*** (3.4202)
$L.\ln y_{it}$	0.1411** (2.2871)	0.1424** (2.3098)	0.1496** (2.4397)	0.1314** (2.2302)				
$L.\ln y_{it}^{*}$					1.0547*** (63.8925)	1.0548*** (64.2241)	1.0551*** (65.0524)	1.0549*** (64.8737)
$\ln k_{it}$	0.1624*** (2.7606)	0.1632*** (2.7624)	0.1544*** (2.6400)	0.1643*** (2.7826)	0.0013 (0.3718)	0.0013 (0.3710)	0.0013 (0.3724)	0.0013 (0.3661)
$\ln l_{it}$	0.5241*** (5.9511)	0.5244*** (5.9400)	0.5448*** (6.2990)	0.5295*** (6.0253)	-0.0046 (-0.6611)	-0.0047 (-0.6638)	-0.0048 (-0.7087)	-0.0047 (-0.6657)

续表

变量	实际 GDP 增长率 (y_{GDP})				潜在 GDP 增长率 (y^*_{GDP})			
	IV 估计		GMM 估计		IV 估计		GMM 估计	
	模型 1	模型 2	模型 3	模型 4	模型 5	模型 6	模型 7	模型 8
Ad_R²	0.227	0.220	0.220	0.224	0.966	0.966	0.966	0.966
F 值	21.83	22.01	23.02	21.98	1027	1029	1050	1037
Hansen 检验	0.207	0.541	0.207	0.541	0.899	0.951	0.899	0.951
截面数	30	30	30	30	30	30	30	30
观测值	390	390	390	390	390	390	390	390
备注	固定效应	固定效应	固定效应	固定效应	固定效应	固定效应	固定效应	固定效应

注：（1）本表计量结果由 Stata/SE 15.0 给出，其中 *、** 和 *** 分别表示在 10%、5% 和 1% 水平显著；（2）括号内数值为对应统计值的 t 统计量；（3）模型 1、3、5、7 与模型 2、4、6、8 分别采用不同滞后期的自变量作为工具变量。

在作用方向和显著性水平上具有高度一致性，而仅仅在作用贡献率上具有一定差异。具体而言，MAR 外部性、Jacobs 外部性和 Porter 外部性均在 1% 的显著性水平上对装备制造业潜在 GDP 增长率具有正向促进作用，且外部性强度每增加 1%，则该地区的装备制造业潜在 GDP 增长率则会分别增加 0.02%、0.04% 和 0.02% 左右，这也显示 Jacobs 外部性的贡献率要明显大于 MAR 外部性和 Poretr 外部性（$\varphi^*/\phi^* > 1$，$\varphi^*/\gamma^* > 1$）。这表明，一方面，MAR 外部性除了具有规模经济效应外，还具有知识和技术的溢出效应，而且这一溢出效应往往是技术深化基础上的专业性溢出，更能促进技术的创新，也代表着装备制造业未来的发展趋势，因而长期内必然会显著促进装备制造业潜在 GDP 的增长。另一方面，这也表明 Jacobs 外部性和 Porter 外部性具有促进装备制造业实际增长和趋势增长的双重作用，也就是说，规范的市场竞争机制和关联产业（部门）间生产协作性和耦合作用的加强，能够不断优化地区制度环境，提升地区产业活力，抑制机会主义倾向，降低产业（部门）间协作搜寻成本和经济损耗，最终为地区装备制造业的增长带来制度层面的良好保障。

最后，从控制变量的角度来看，$\kappa > 0$，$\kappa^* > 0$ 且均在 5% 的水平上显著，这表明增长惯性确实在发挥作用。此外，值得注意的是，资本（k）和劳动（l）均在 1% 的显著水平上对装备制造业实际 GDP 增长具有正向促进作用，反而对潜在 GDP 增长的作用并不显著，这表明资本和劳动仍然是装备制造业实际 GDP 增长的基础因素，而装备制造业的增长潜力和未来的可持续性发展则更应关注资本和劳动之外的外部性因素的作用。

5.4.2 外部性对装备制造业增长影响作用的稳健性讨论

本书通过对 MAR 外部性、Jacobs 外部性和 Porter 外部性影响装备制造业增长状况的实证分析与探讨，得出了一些重要结论。同时，为了进一步验证这些结论的可靠性和准确性，仍有必要针对实证检验展开稳健性讨论。

鉴于本书第 4 章对 MAR 外部性、Jacobs 外部性和 Porter 外部性的内涵、作用机理以及测度指标等都有着详细的阐释，此处的稳健性讨论主要考虑产业增长状况的其他衡量方式。理论上，产业 GDP 增长率与全要生产率（TFP）密切相关，都属于增长经济效果的范畴（郑玉歆，2007），但却是从两个不同角度考查产业增长状况的。前者是通过增长结果核算，后者则是通过增长来源核算。同时，GDP 增长率是包含时间因素的动态指标，TFP 则仅仅是就某一时期的生产效率而言的，是一种静态测度指标。而Malmquist 指数（MI）① 则是纳入时间因素之后的一种 TFP 核算指标，实质上是一种动态的 TFP。因此，本章对干春晖（2011）的做法进行拓展，即利用 Malmquist 指数作为产业 GDP 增长率的替代指标，并进而展开外部性对装备制造业增长状况影响作用的稳健性讨论（见表5-3）②。

表5-3 中国装备制造业面板 GMM 估计分析稳健性检验

变量	实际 Malmquist 指数（MI）			潜在 Malmquist 指数（MI^*）		
	模型 9	模型 10	模型 11	模型 12	模型 13	模型 14
$\ln MAR_{it}$	0.0383 (-0.4830)	-0.0537 (-0.5093)	-0.0213 (-0.2140)	0.0054 (1.0675)	0.0054 (0.7669)	0.0062 (0.9283)
$\ln Jacobs_{it}$	0.1217** (2.5851)	0.3212*** (2.8538)	0.3037*** (2.8049)	0.0171*** (5.1108)	0.0279*** (3.3909)	0.0300*** (3.8280)
$\ln Porter_{it}$	0.0702*** (6.7490)	0.1034*** (3.1769)	0.1089*** (3.3670)	0.0028*** (4.4787)	0.0042** (2.5234)	0.0049*** (3.0571)
$L.\ln MI_{it}$	0.0085 (0.1541)	-0.0599 (-1.1811)	-0.0419 (-0.8581)			
$L.\ln MI_{it}^*$				0.9232*** (76.3943)	0.9420*** (62.4260)	0.9507*** (65.8768)
$\ln k_{it}$	-0.5941*** (-8.8363)	-0.5847*** (-9.1484)	-0.5940*** (-9.5593)	-0.0050* (-1.9879)	-0.0072** (-2.3927)	-0.0056* (-1.9413)
$\ln l_{it}$	0.2376** (2.5653)	0.2868*** (3.2382)	0.2803*** (3.2869)	-0.0067** (-2.2727)	-0.0037 (-0.8248)	-0.0056 (-1.3133)

① Malmquist 指数是用距离函数进行定义的，且在衡量产业发展状况方面具有诸多优点：其一，可以适用于面板数据的分析；其二，无须设定具体的生产函数；其三，可以进一步细分为效率改善和技术进步两类指标（于斌斌，2015）。

② 鉴于 Malmquist 指数自身属性的原因会导致外部性的产生与其对产业增长状况产生影响的过程之间存在一个较强的时滞，因而此处借鉴薄文广（2007）的做法，对解释变量取年度期初值。

续表

变量	实际 Malmquist 指数 （*MI*）			潜在 Malmquist 指数 （*MI**）		
	模型 9	模型 10	模型 11	模型 12	模型 13	模型 14
Ad_R^2	0.396	0.336	0.337	0.982	0.975	0.975
F 值	51.75	22.65	24.75	10453	1002	1298
Hansen 检验		0.4327	0.4327		0.3796	0.3796
截面数	30	30	30	30	30	30
观测值	420	360	360	420	360	360
备注	固定效应	固定效应	固定效应	固定效应	固定效应	固定效应

注：（1）模型 9 和模型 12 为 OLS 回归估计，模型 10 和模型 13 为 IV 回归估计，模型 11 和模型 14 为 GMM 回归估计；（2）其他同表 5－2。

表 5－3 中各回归模型的相关检验再次表明，计量模型的估计结果是合理的。同时，对比表 5－2 可以发现，MAR 外部性、Jacobs 外部性和 Porter 外部性的回归系数在作用方向上完全一致，而仅仅在数值大小和显著性程度上有所差别。也就是说，将 Malmquist 指数作为产业增长率的替代变量时，外部性对产业增长的影响亦表现出与前文实证检验结果的一致性，这意味着前文的实证分析是稳健的，也是可信的。

需要说明的是，尽管 Malmquist 指数可以作为产业 GDP 增长率的良好替代指标，但 Malmquist 指数的侧重点在于产业增长的质量问题，而产业 GDP 增长率的侧重点则在于产业增长的速度问题。因此，表 5－2 与表 5－3 的检验结果也必然会存在一些差异，而以下几点差异需要引起关注：

第一，从本质上看，Malmquist 指数是技术变化（Technological Change，TC）与效率变化（Efficiency Change，EC）的综合（Färe R，1992），而正如前文所述，MAR 外部性条件下规模经济的扩张势必会对技术进步和效率提升产生"挤出效应"。同时，鉴于 Malmquist 指数自身的复杂性和较强时滞性的特点，MAR 外部性对其正向效应也受到弱化。因而，这就导致 MAR 外部性虽然对装备制造业潜在 Malmquist 指数具有正向效应但却并不显著。同时，前述分析也表明，MAR 外部性对产业增长的影响较为复杂，且 Malmquist 指数又存在较强的滞后性。因此，可以断言，前面有关外部性对装备制造业增长状况影响作用的相关结论仍然具有较强的稳健性。

第二，从增长惯性的角度来看，其现实影响作用并不显著，也并不稳健，但其潜在趋势的影响却十分显著，这表明外部性对 Malmquist 指数的影响作用更易受诸多现实因素的制约，这从侧面反映进一步深化改革的必要性和紧迫性。

第三，资本投入对产业 GDP 增长率的影响显著为正，而对 Malmquist 指数的影响则显著为负，这表明，一方面，鉴于装备制造业的资本密集属性，大规模的资金投入仍然是其实现规模化增长的重要驱动因素；另一方面，这也暗示装备制造业可能存在投资过剩或投资结构不合理的问题，这也正是当前深化供给侧结构性改革需要解决的难点。

第四，劳动投入对 GDP 增长率的影响显著为正，而对 Malmquist 指数的影响则显著为负，这表明装备制造业人力资本的结构和整体素质仍有较大提升空间。

5.4.3 对实证检验结果和稳健性讨论的进一步解释和说明

通过外部性对装备制造业实际增长和趋势增长实证检验和稳健性讨论的研究，本章发现，整体上看，21 世纪以来外部性对装备制造业产业增长的贡献主要是通过 Jacobs 外部性和 Porter 外部性发挥作用，相对来说，MAR 外部性的作用要小得多。仔细回顾 21 世纪以来中国装备制造业的改革和发展历程，不难发现，上述实证检验结论是一个合乎情理的结果。装备制造业作为制造业的核心，是国民经济的战略性、基础性和先导性产业，更是国家产业科技水平和综合实力的集中体现（李东，2016）。因此，装备制造业的发展历来都受到中央和地方政府的高度重视，这从国有装备制造业企业产值比重上可以窥见一斑[①]。同时，鉴于国有装备制造业劳动密集、资本密集和技术密集的属性，其天然具有规模化集聚发展的倾向，因而其 MAR 外部性较为明显。但随着装备制造业改革的不断深化以及市场经济体制的日趋完善，国有装备制造业企业的产值比重逐步下降，但其

---

① 例如，2001 年国有装备制造业企业产值占装备制造业总产值的 38%（林桂军，2015），且一直是装备制造业的主导力量。

市场化程度却在不断提高，且民营和外资装备制造业也获得迅速发展，从而逐步形成了以国有企业为主导，以本土企业为主体，外资企业积极参与，民营企业快速发展的产业格局。同时，这一产业格局在提高产业核心竞争力，增强产业活力，促进产业协同发展以及加速新技术的产业化推广等方面的作用日渐显现，而这反映在外部性的贡献上，就必然呈现出 MAR 外部性贡献较弱，而 Jacobs 外部性和 Porter 外部性贡献显著的特点。

更进一步来看，装备制造业本质上应该是技术密集型产业，而外部性的核心恰恰在于知识和技术的溢出，同时这些不同类型的技术溢出所产生的技术创新效应，是推动装备制造业产业增长的核心动力来源。尽管如此，MAR 外部性、Jacobs 外部性和 Porter 外部性在促进装备制造业技术进步和产业增长方面却也各有侧重。具体而言，首先，在 MAR 外部性条件下，知识和技术的专业性溢出是知识和技术深度融合基础上的创新性溢出，具有很强的"创新效应"，代表着装备制造业的核心竞争力和未来的发展趋势，即 MAR 外部性更多的是引发的"技术深化"层面的技术进步和趋势性的产业增长。其次，Jacobs 外部性侧重产业协作性和耦合作用的不断增强，在降低产业间协作搜寻成本、提升地区产业活力、促进技术协作性创新以及降低经济损耗等方面效果显著，即 Jacobs 外部性更多的是引发的"产业协作"层面的技术进步和产业增长。最后，Porter 外部性在优化地区制度环境、规范市场竞争机制、促进技术竞争性创新和抑制机会主义倾向等方面效果显著，即 Porter 外部性更多的是引发的"制度优化"层面的技术进步和产业增长。

5.5　本章小结

本章将外部性区分为 MAR 外部性、Jacobs 外部性和 Porter 外部性，并从机理层面分析了外部性对产业增长的作用，进而利用中国装备制造业 2001～2015 年 30 个省级地区的面板数据，实证考察了外部性对装备制造业实际增长和趋势增长的影响作用，检验了所提出的理论假说。同时，由于选取装备制造业产业增长状况不同的度量指标均得到了相似的实证检验结果，因此，本章得出的结论具有较强的稳健性，是可靠且可信的。

本章的研究表明，MAR 外部性对装备制造业实际增长具有不显著的负面效应，而对其趋势增长则具有正向效应，但当增长测度指标为 Malmquist 指数时，其对趋势增长的正向效应并不显著。而 Jacobs 外部性和 Porter 外部性对装备制造业实际增长和趋势增长都具有显著的正向效应，且当增长测度指标为 Malmquist 指数时，其正向效应依然十分稳健。因而，据此可以形成一个较强的政策性结论，即政府在制定有关装备制造发展的产业政策时，应该重点强调 Jacobs 外部性和 Porter 外部性的作用，不断加强和完善市场竞争机制和产业配套服务建设，在此基础之上再关注 MAR 外部性的作用。这样既可以通过竞争环境的营造和产业协同促进装备制造业的发展，又可以有效避免或降低 MAR 外部性对产业实际增长产生的抑制效应，进而形成促进地区装备制造业增长的长效机制。

当前，中国供给侧结构性改革正在逐步深化，着力构建"市场机制有效、微观主体有活力、宏观调控有度"的现代化经济体系已经成为共识。为此，根据本章的理论分析和实证结论，并具体到装备制造业的改革，特提出以下几点政策建议：第一，地方政府要加强政策引导，积极融入国内国外大市场，摒弃保守的地方保护主义观念，抑制机会主义倾向，继续深化装备制造业改革，打破行业垄断，破除民营企业进入壁垒，积极吸引外资企业入驻，进而以新企业的替代进入促进产业创新演变。第二，要主动从"政策优惠竞争"的理念向"服务优化竞争"的理念转变，着力构建统一开放、公平竞争、创新活跃的市场体系，营造开放自由的产业发展环境和浓厚的市场竞争氛围。第三，要不断加强产业配套服务建设，积极引导装备制造业主动加强关联产业（部门）间的耦合衔接，促成产业链的完善升级，进而实现装备制造业各产业（部门）的协同高效发展。

第 6 章
外部性作用下装备制造业
结构优化实证研究

6.1 引言

外部性关乎装备制造业的产业结构优化与转型升级。党的十九大报告指出，"我国经济已由高速增长阶段转向高质量发展阶段，正处在转变发展方式、优化经济结构、转换增长动力的攻关期"，而装备制造业作为国民经济的战略性、支柱性和先导性产业（林桂军，2015），与其他产业关联度大，带动性强，其产业结构的不断优化不仅是"供给侧结构性改革"的内在要求，也是"现代化经济体系"建设的重要内容。因此，大力推进装备制造业结构优化，便成为保障国民经济顺利完成阶段性发展转变和实现发展"质量变革、效率变革、动力变革"的关键。同时，这也是中国实现由"制造大国"向"制造强国"转变以及有效应对"后金融危机"时代发达经济体"再工业化"战略中"高端回流"趋势和新兴经济体工业化战略中"中低端分流"浪潮双重挤压的必然选择（尹颜罡，2015）。特别是，在世界经济复苏乏力和中国经济发展步入新常态的背景之下，如何推进装备制造业结构优化，以提高制造业的整体水平，实现供需动态平衡，便成为亟待深入探讨和研究的重大课题。

问题在于，通过何种途径或运用何种手段以有效推进装备制造业结构优化呢？本章研究认为，外部性即 MAR 外部性、Jacobs 外部性和 Porter 外部性作为一种特殊资本，鉴于其结构效应和技术效应的作用，近年来逐渐被国外国内学者所关注，并被视为推进产业结构优化的一个重要方向。特别是，当外部性加入时间因素后，即将 MAR 外部性、Jacobs 外部性和 Porter 外部性在时间维度上展开，则其便具有了显著的动态性（王耀中，2012），这也使外部性与产业结构优化具有了互动适应性，进而可以动态地反映外部性对产业结构优化的影响作用。

本章在继承和集成经典研究文献的基础上认为，外部性对产业结构优化具有显著的结构效应和技术效应已经成为不争的事实（Glaeser *et al.*, 1992；Henderson, 1997；薄文广，2007；吴三忙，2011），而争论的焦点则主要集中在其所产生的结构效应和技术效应的方向和显著性问题上。例如，格莱泽等（Glaeser *et al.*, 1992）对美国 1956～1987 年的城市产业数据进行的实证研究发现，MAR 外部性对产业绩效具有显著的负向效应，进而对产业结构优化产生阻碍作用，而 Jacobs 外部性和 Porter 外部性则对生产效率具有显著的正向效应，进而能够促进产业结构优化。凯内利等（Cainelli *et al.*, 1999）针对意大利 1961～1991 年间 92 个省份 16 个产业的面板数据进行了实证分析，通过其实证结论可以推断，MAR 外部性对产业结构优化正向效应的显著性并不稳定，而 Jacobs 外部性和 Porter 外部性对产业结构优化的正向效应则较稳健。布恩和马赫卢菲（Bun & Makhloufi, 2007）针对摩洛哥（Morocco）的实证研究则发现，Porter 外部性并不利于当地经济和产业的发展，即 Porter 外部性没有起到推动当地产业结构优化的作用。孙晓华（2012）以地区产业多样化为切入点，将 Jacobs 外部性分解为相关多样化与无关多样化，并利用中国 2003～2009 年的地级市面板数据实证指出，相关多样化能够显著促进地区的经济增长，进而起到优化产业结构的作用，而无关多样化虽不利于经济增长但却有助于改善就业结构，提高经济的稳定性。孙宁华（2016）将产业结构优化区分为产业结构合理化与产业结构高度化两个维度，并利用中国 1999～2010 年间 30 个省份的面板数据，实证考查了外部性对制造业结构优化的影响，指出 MAR 外部性对产业结构合理化与高度化都具有显著的负向效应，而 Jacobs 外部性则对产业结构合理化与高度化存在显著的正向效应。

总体而言，学者们一致认为外部性对产业结构优化具有不同程度的结构效应和技术效应，但系统地将外部性区分为 MAR 外部性、Jacobs 外部性和 Porter 外部性，将产业结构优化区分为产业结构合理化与产业结构高度化，并就此系统而全面地展开外部性对产业结构优化影响作用的研究则相对较少，特别是具体到装备制造业领域则更是鲜有文献涉及。因此，本章尝试以中国 2000~2015 年间 30 个省份的装备制造业面板数据为样本，运用 GMM 估计方法，从产业结构合理化与产业结构高度化两个维度，实证检验外部性对产业结构优化的影响及其存在的异质显著性问题，以期为各地区装备制造业供给侧结构性改革相关政策的制定和调整提供新的思路和决策依据。

6.2 外部性驱动装备制造业结构优化的作用机理

外部性驱动产业结构优化的作用机理与外部性驱动产业增长的作用机理既存在一致性，又存在异质性。具体而言，在有些情况下，外部性能够促进产业增长，但却不一定对产业结构优化同样具有正向效应，甚至反而会对产业结构优化产生抑制或阻碍作用。同时，二者的作用机理的作用路径和侧重点也差异较大。本章从产业结构优化的内涵出发，主要从要素重置效率和技术进步效率两个角度，论述外部性对产业结构优化的驱动作用机理。

6.2.1 外部性与装备制造业结构合理化

产业结构合理化是产业结构优化的基础，是要素投入结构和生产结构耦合程度的度量，强调产业间的聚合质量，其核心驱动力量来源于要素重置效率的不断提升，但要素重置效率却又受到外部性的严重制约。因此，外部性对产业结构合理化的约束作用主要是通过约束要素重置效率进而影响产业结构聚合质量而实现的。具体而言，首先，MAR 外部性是指由于专业化生产而引致的外部性，强调产业部门内企业的专业性集聚，因而天然地具有空间集聚特征，能够方便地共享劳动力市场以及交通、能源、信息通信等基础设施和服务，从而可以有效降低要素资源的流动和转换成本，进而能够有效提升要素资源的重置效率。其次，Jacobs 外部性是指由于关联性产业（部门）的协作性生产而引致的外部性，强调产业（部门）间的沟通与协作，因而也就必然有利于人才、资本、信息、知识和技术以及管理理念等要素资源在产业（部门）间的交流与融合，实现协作经济，从而既能有效降低搜寻成本，又能显著提升要素资源的配对机会（孙晓华，2012）。最后，Porter 外部性是指由于产业企业竞争性集聚而产生的外部性，强调自由开放的市场机制和良好的企业竞争氛围。因而，在完善的市场经济体制条件之下，也就必然会活跃要素市场，大幅降低要素资源的流动和交易费用，进而驱动要素重置效率的不断改善。

6.2.2　外部性与装备制造业结构高度化

产业结构高度化是产业结构优化的方向，是产业（部门）高端化程度的度量，强调产业（部门）间的结构转换质量，其核心驱动力量来源于技术进步效率的不断提升，但技术进步效率又会受到外部性的严重制约。因此，外部性对产业结构高度化的约束作用主要是通过约束技术进步效率进而影响产业转换质量而实现的（见图 6-1）。无论何种形式的外部性，其核心都在于知识和技术的外溢（张旭华，2012），而外部性对产业结构高度化的约束作用也正是基于这一核心而展开的。具体而言，首先，MAR 外部性具有显著的专业化分工倾向，而专业分工的持续性增强，必然会促进知识和技术的深度交流与融合，进而引致知识和技术的专业性溢出，甚至促成技术深化基础上的创新，不断提升技术进步效率，最终提高产业结构高度化水平。其次，Jacobs 外部性不仅具有显著的协作性分工倾向，而且这种协作性分工也是一种多样化的分工安排。因此，Jacobs 外部性既能够通过分工的互补性加快新技术、新思想的传播（王耀中，2012），也能够通过分工的差异性给地区产业发展带来活力，促进思想的碰撞和知识的融合，进而促进知识和技术的外溢，甚至促成技术协作基础上的创新，从而更高效地提升技术进步效率。最后，Porter 外部性具有显著的自由性分工的倾向，而自由性分工更利于要素资源在产业（部门）或企业间的流动与融合，而且还有助于促进知识和技术"网络效应"的产生，甚至会促成技术广化基础上的创新，进而必然会促进技术进步效率的提升。

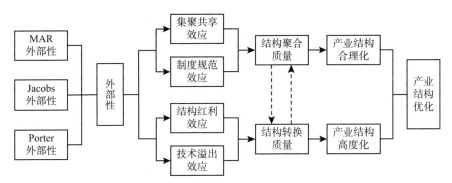

图 6 - 1   外部性驱动装备制造业结构优化的作用机理①

6.3   研究设计

6.3.1   模型设计与估计方法

本章旨在利用 2000 ~ 2015 年中国 30 个省份（不含西藏及港澳台地区）的装备制造业面板数据分析 MAR 外部性、Jacobs 外部性和 Porter 外部性对中国装备制造业结构合理化与高度化的影响。相对于截面数据和时间序列数据而言，面板数据具有截面和时间两个维度，包含的信息量更大，不仅能够提供更多个体动态行为的信息，而且可以方便地扩大样本量，从而有效提高估计的精确度。同时，面板数据也可以有效解决遗漏变量问题，进而能够控制不可观测效应。此外，本章采用的是中国 30 个省（自治区和直辖市）的面板数据，其个体数量固定，因而将个体效应视为固定

---

①   本图在绘制过程中参考了周振华（1992）构建的产业结构调节模型和产业结构优化模型（详见附录 L），并借鉴了唐晓华和刘相锋（2016）构建的制造业产业结构优化机理图（详见附录 M）。

效应①更为合理，且固定效应也规避了个体效应与随机误差项不相关的前提假设而更为方便。据此并借鉴孙宁华（2016）的方法，本章将外部性对产业结构合理化与高度化影响研究的计量检验模型设定如下：

$$\ln ESR_{it} = \alpha_{it} + \delta \ln MAR_{it} + \varepsilon \ln Jacobs_{it} + \phi \ln Porter_{it} + \mu_{it} \quad (6.1)$$

$$\ln ESU_{it} = \beta_{it} + \kappa \ln MAR_{it} + \lambda \ln Jacobs_{it} + \ln Porter_{it} + \sigma_{it} \quad (6.2)$$

其中，i 表示地区，t 表示时间；$\ln MAR$，$\ln Jacobs$ 和 $\ln Porter$ 分别表示对数化后的 MAR 外部性，Jacobs 外部性和 Porter 外部性衡量指标，而 $\ln ESR$ 和 $\ln ESU$ 则分别表示对数化后的产业结构合理化与产业结构高度化衡量指标；μ 和 σ 为独立同分布的随机误差项，α 和 β 为与特定地区相关的不可观测效应。

然而，由于外部性因素只是产业结构合理化与高度化的一种影响因素，为更好地考查和检验其内在关系，需要通过选定合适的控制变量对其他影响因素进行有效控制。因此，本章选定装备制造业出口份额（Reg）和企业规模（$gcom$）作为控制变量。这主要因为，一方面，从全球价值链（GVC）的角度来看，全球装备制造业分工格局正处于深刻变化之中（刘守英，2016），积极参与全球产业分工，抢占或巩固价值链的高端位置，成为中国装备制造业产业结构调整的重要影响因素之一（林桂军，2015）。另一方面，根据钱纳里（Chenery，1975）的观点，产业经济发展水平必然成为影响制造业结构优化的重要因素，而企业规模通常被作为产业经济发展水平的衡量指标，同时，国内学者也多将其作为研究产业结构优化的控制变量。因此，式（6.1）和式（6.2）的计量检验模型便调整为：

$$\ln ESR_{it} = \alpha_{it} + \delta \ln MAR_{it} + \varepsilon \ln Jacobs_{it} + \phi \ln Porter_{it}$$
$$+ \varphi \ln Reg_{it} + \gamma \ln gcom_{it} + \mu_{it} \quad (6.3)$$

$$\ln ESU_{it} = \beta_{it} + \kappa \ln MAR_{it} + \lambda \ln Jacobs_{it} + \nu \ln Porter_{it}$$
$$+ \theta \ln Reg_{it} + \vartheta \ln gcom_{it} + \sigma_{it} \quad (6.4)$$

另外，在球型扰动项假设下，2SLS 是最有效率的，而面板数据往往难

---

① 固定效应（Fixed Effects）容易引起误解。因为即使在固定效应模型中，个体效应也是随机的（尽管其取值不随时间而变动），而非固定（Fixed）的常数，但这已成为学术界普遍接受的传统称呼。

以严格满足这一假设，但是广义矩估计（GMM）能够很好地处理扰动项的自相关和异方差问题，特别是在工具变量个数多于内生变量时，GMM 的效率会较 2SLS 更高。同时，为避免工具变量的过度识别问题，汉森（Hansen，1982）给出了一个检验矩估计有效性的 J 检验统计量，在原假设下工具变量满足正交性，则工具变量是有效的。因此，本章采用面板 GMM 估计方法进行回归分析，并采用 Hansen 检验方式对工具变量进行过度识别检验。

6.3.2 变量和数据说明

解释变量方面，MAR 外部性、Jacobs 外部性和 Porter 外部性分别由前文的克鲁格曼专业化指数（MAR_{it}）、多样性熵值（$Jacobs_{it}$）和产业竞争指数（$Porter_{it}$）获得；被解释变量方面，产业结构合理化与高度化则分别由前文的泰尔熵指数（ESR）和高端装备制造业比重（ESU）获取。

此外，关于控制变量，一方面，简单地，装备制造业参与全球价值链分工的状况采用出口份额（Reg）比重进行度量；另一方面，现有衡量企业规模（$gcom$）的指标较多，本章借鉴王伟光等（2015）的方法，用装备制造业单位企业产值衡量企业规模的大小，以表征地区装备制造业的整体发展水平。

本章所涉及的各项变量的描述性统计如表 6-1 所示①。

表 6-1　　　　　　　变量衡量指标、符号及其描述性统计

	变量	符号	衡量指标	样本	均值	标准差	最小值	最大值
被解释变量	产业结构合理化	ESR	泰尔熵指数	480	0.0732	0.0817	0.0027	0.6471
	产业结构高度化	ESU	高端装备制造业比重	480	0.2120	0.1594	0.0020	0.7178

---

① 本章数据来源与第4章相同，且对数据的定基处理和平滑性处理等与第5章一致，故此处不再赘述。

续表

	变量	符号	衡量指标	样本	均值	标准差	最小值	最大值
解释变量	MAR 外部性	*MAR*	克鲁格曼指数	480	7.3107	1.1956	4.8380	13.2573
	Jacobs 外部性	*Jacobs*	多样性熵值	480	1.5728	0.2570	0.3521	1.8438
	Porter 外部性	*Porter*	产业竞争指数	480	12.1592	12.1280	4.6757	15.5723
控制变量	出口份额	*Reg*	出口产值比重	480	0.0918	0.0933	0.0010	0.4475
	企业规模	*gcom*	单位企业产值	480	1.3410	0.9208	0.0790	5.4840

6.4 实证分析

6.4.1 面板数据单位根检验和协整检验

为避免虚假回归或伪回归，以确保估计结果的有效性和可靠性，有必要对面板数据进行单位根检验以考查其平稳性。一般而言，面板单位根检验主要包括相同单位根检验（LLC 检验和 Breitung 检验）和不同单位根检验（IPS 检验、Fisher – ADF 和 Fisher – PP 检验）等两种类型，但由于各种检验方法目前尚未完全统一，为保证检验的准确性和可靠性，本章选择综合采用上述两种不同单位根假设下的检验方法进行单位根检验。

通过对本章所收集整理的中国 30 个省份的装备制造业数据进行单位根检验，得到各变量的检验结果（见表 6 – 2）[①]。从表 6 – 2 可以看出，本章所选取的 7 个变量均能拒绝存在单位根的原假设，且均为"零阶单整"。此外，尽管"零阶单整"能够保证各变量的"均值回复性（Mean-reverting）"，但为进一步确保各变量之间的长期均衡关系，仍有必要进行面板数据的协整检验，以考查各个模型的"长期均衡关系（Long-run Equilibriun）"，从而进一步确保回归分析的可靠性。

---

① 在具体操作上，此处借鉴孙晓华（2012）的观点，认为相同单位根检验和不同单位根检验两种类型检验方法，当且仅当每种类型的检验方法中至少一种检验拒绝存在单位根的原假设，本章才认为该面板序列平稳。

表 6 – 2　　　　　　　　　　主要变量单位根检验结果

变量	LLC 检验 t 统计量	Breitung 检验 t 统计量	IPS 检验 W 统计量	Fisher – ADF 检验 χ² 统计量	Fisher – PP 检验 χ² 统计量	检验结果
ln*ESR*	– 5. 1751 ***	0. 6279	– 2. 3323 ***	96. 7661 ***	113. 4720 ***	平稳
ln*ESU*	– 3. 7002 ***	—	– 1. 7889 **	82. 6032 **	76. 2199 *	平稳
ln*MAR*	– 3. 7450 ***	1. 9548	– 1. 7633 **	84. 6976 **	50. 8796	平稳
ln*Jacobs*	– 5. 7104 ***	0. 8445	– 2. 9712 ***	95. 0351 ***	81. 9264 **	平稳
ln*Porter*	– 5. 5947 ***	– 3. 0297 ***	– 2. 5509 ***	84. 4371 **	86. 5617 **	平稳
ln*Reg*	– 4. 5897 ***	– 0. 3892	– 0. 9758	64. 2823	103. 3240 ***	平稳
ln*gcom*	– 3. 2416 ***	– 2. 5416 ***	– 2. 3843 ***	79. 8827 **	62. 0691	平稳

注：***，** 和 * 分别代表在1%，5% 和 10% 显著水平上显著。

　　根据上述检验结果可知，本章所选取的 7 个变量均为同阶单整（零阶单整），可以进行协整分析。因此，在单位根检验基础上，本章采用 Kao 检验和 Pedroni 检验两种方法进行协整检验。其中，Kao 检验只有一个统计量，即 ADF 统计量，而 Pedroni 检验则有 7 个统计量，即 Panel v、Panel rho、Panel PP、Panel ADF、Group rho、Group PP 和 Group ADF 统计量①。此处仍选择综合采用两种检验方法进行协整检验（见表 6 – 3）。

表 6 – 3　　　　　　　　　　协整检验结果

检验方法	统计量	ESR 模型 t 值	ESU 模型 t 值
Kao 检验	ADF	– 3. 0804 ***	– 5. 9100 ***
Pedroni 检验	Panel v – Statistic	– 1. 2015	– 2. 9509
	Panel rho – Statistic	5. 8460 ***	5. 2612
	Panel PP – Statistic	– 4. 8478 ***	– 6. 0510 ***
	Panel ADF – Statistic	– 3. 5045 ***	– 5. 0665 ***
	Group rho – Statistic	7. 3401	7. 2523
	Group PP – Statistic	– 17. 7729 ***	– 20. 0254 ***
	Group ADF – Statistic	– 8. 0845 ***	– 6. 1061 ***

注：*** 代表在1% 显著水平上显著。

① 其中，就 Pedroni 检验而言，Panel v、Panel rho、Panel PP 和 Panel ADF 等是基于联合组内尺度检验的统计量，而 Group rho、Group PP 和 Group AD 等则是基于组间尺度检验的统计量。

上述检验结果①表明，Kao 检验的 ADF 统计量以及 Pedroni 检验的 Panel ADF 和 Group ADF 统计量，均在 1% 显著水平拒绝不存在协整关系的原假设，即 ESR 模型和 ESU 模型均通过了协整检验，表明变量间存在着长期稳定的均衡关系。

综上来看，本章选取的 7 个变量均为平稳序列，亦存在协整关系。因此，ESR 模型和 ESU 模型的回归估计结果也应该是有效的，其结论也同样是可信的。

6.4.2 装备制造业面板 GMM 回归结果与分析

在单位根检验和协整检验的基础之上，本章对中国装备制造业面板数据进行 GMM 回归估计（见表6－4）。

表6－4　　　　　　中国装备制造业动态面板 GMM 估计分析

变量	lnESR			lnESU		
	模型 1	模型 2	模型 3	模型 4	模型 5	模型 6
lnMAR_{it}	−3.119*** (−4.588)	−2.474*** (−3.351)	−3.176*** (−4.567)	−3.622*** (−5.046)	−3.592*** (−5.222)	−3.348*** (−5.044)
ln$Jacobs_{it}$	−3.576*** (−7.196)	−3.573*** (−7.103)	−3.171*** (−4.119)	1.445*** (3.583)	1.446*** (3.608)	2.271*** (3.655)
ln$Porter_{it}$	−1.225*** (−4.792)	−1.270*** (−4.862)	−1.250*** (−4.749)	−0.574*** (−3.078)	−0.637*** (−2.601)	−0.578*** (−3.254)
L.lnMAR_{it}		−0.922* (−1.806)				
L.ln$Jacobs_{it}$			−0.536 (−0.843)			−1.102* (−1.676)

---

① 通过 Monte Carlo 模拟实验（Pedroni，1997）表明，大样本情况下，Pedroni 检验的所有 7 个变量的检验效力都很好并且较为稳定；而在小样本（T<20）情况下，Panel ADF 和 Group ADF 统计量的检验效果更好，并建议在检验结果不一致的条件下，以 Panel ADF 和 Group ADF 统计量的检验结果为准。因此，本章在 T=16 的样本容量下，以 Panel ADF 和 Group ADF 统计量的检验结果为准来判断协整关系是合适的。

续表

变量	lnESR			lnESU		
	模型 1	模型 2	模型 3	模型 4	模型 5	模型 6
$L.\ln Porter_{it}$					0.0842 (0.423)	
$\ln Reg_{it}$	0.170 (1.589)	0.175 (1.634)	0.174 (1.632)	0.588*** (7.531)	0.575*** (7.373)	0.587*** (7.410)
$\ln gcom_{it}$	−0.880*** (−9.770)	−0.902*** (−9.832)	−0.884*** (−9.711)	−0.123 (−1.562)	−0.117 (−1.447)	−0.0968 (−1.279)
F 统计量	44.11	37.77	39.98	19.82	17.12	19.02
Hansen 检验	0.1127	0.1238	0.1028	0.1219	0.1232	0.1512
截面数	30	30	30	30	30	30
观测值	420	420	420	420	420	420
备注	固定效应	固定效应	固定效应	固定效应	固定效应	固定效应

注：(1) 本表计量结果由 Stata/SE 15.0 给出，其中 *、** 和 *** 分别表示在 10%、5% 和 1% 水平下显著，括号内数值为对应统计值的 t 统计量；(2) Hansen 检验的原假设为"所有工具变量都有效"，如果 P 值大于 10%，表明在 10% 的水平下无法拒绝原假设，即工具变量的选取是合适的。

6.4.2.1 外部性对产业结构合理化的影响

总体来看，MAR 外部性、Jacobs 外部性和 Porter 外部性均与泰尔熵指数（ESR）显著负相关，即 MAR 外部性、Jacobs 外部性和 Porter 外部性均有利于装备制造业结构合理化水平的提升[1]。具体来看，模型 1、模型 2 和模型 3 的回归结果表明，MAR 外部性和 Jacobs 外部性每提升 1%，则装备制造业结构合理化水平会整体提升 3% 左右，且作用十分显著，而 Porter 外部性对装备制造业结构合理化的促进作用则维持在 1% 的水平，其作用强度也相对较弱。这表明，MAR 外部性、Jacobs 外部性和 Porter 外部性对装备制造业结构合理化具有不同强度的正向效应，也就是说，外部性的介

---

[1] 根据 ESR 计算公式可知，ESR 数值越小，产业结构合理化水平越高。故外部性与 ESR 负相关则意味着外部性有利于产业结构合理化水平的提升，也可表述为外部性对产业结构合理化具有正向效应。

入有利于中国装备制造业整体结构的合理化调整，能够修正产业结构失衡，并且 MAR 外部性和 Jacobs 外部性的作用强度要明显大于 Porter 外部性。值得关注的是，MAR 外部性的滞后 1 期仍然对装备制造业结构合理化具有显著的促进作用，这表明 MAR 外部性不仅短期内能够显著促进装备制造业结构合理化水平的提升，而且对其结构合理化的正向效应具有较强的可持续性（模型 2）。而 Jacobs 外部性的滞后 1 期对装备制造业结构合理化虽然呈现出正向促进作用，但其作用却并不显著，这表明 Jacobs 外部性对装备制造业结构合理化水平的提升仅仅具有短期的正向效应，即这种正向效应的可持续性较弱（模型 3）。结合上述分析并参考模型 1、模型 2 和模型 3 的回归结果，可以得出重要结论，即短期内 MAR 外部性、Jacobs 外部性和 Porter 外部性对装备制造业结构合理化水平的提升均具有显著的正向效应，且 MAR 外部性和 Jacobs 外部性的作用强度要明显高于 Porter 外部性，但长期内仅仅 MAR 外部性的正向效应能够得到延续。

此外，从控制变量来看，装备制造业出口状况却对其结构合理化具有负面效应，尽管这一负面效应并不显著，但却表明装备制造业出口贸易并未对其结构合理化水平的提升起到有效促进作用的现实。进一步看，中低端装备制造业产品的大量出口对中国装备制造业在全球价值链（GVC）中的位置产生了中低端"锚定效应"，从而不利于中国装备制造业结构合理化水平的提升，甚至这一出口结构会不断恶化装备制造业结构合理化水平，不利于其产业结构的调整与优化；而地区单位企业规模每增加 1%，则装备制造业结构合理化水平会提升 9% 左右（模型 1～模型 3），且整体影响十分显著。这表明企业规模能够显著促进产业结构合理化水平的提升，同时也间接反映出中国制造业大省在装备制造业结构合理化水平的提升方面具有较大潜力。

6.4.2.2 外部性对产业结构高度化的影响

总体来看，MAR 外部性和 Porter 外部性与装备制造业结构高度化水平显著负相关，而 Jacobs 外部性与结构高度化水平则显著正相关。具体地看，模型 4、模型 5 和模型 6 的回归分析结果显示，MAR 外部性和 Porter 外部性每提升 1%，装备制造业结构高度化水平必然出现显著下降，且分别为 3.5% 和 0.6% 左右；而 Jacobs 外部性每提升 1%，则结构高度化水平会提升 2% 左右。这表明，现实经济中，MAR 外部性和 Porter 外部性表现为抑制装备制造业结构高度化，而 Jacobs 外部性则表现为促进装备制造业结构高度化水平的提升。进一步分析发现，Jacobs 外部性对装备制造业结构高度化的作用在滞后 1 期由显著的正向效应转变为显著的负向效应，这表明短期内 Jacobs 外部性能够显著提高装备制造业结构高度化水平，但从长期看，Jacobs 外部性却对其结构高度化存在显著的恶化作用。同时，Porter 外部性对装备制造业结构高度化的作用在滞后 1 期由负转正，尽管这一正向效应并不显著，但却也反映出长期内 Porter 外部性能够促进产业结构高度化水平提升的现实。结合上述分析并参考模型 4、模型 5 和模型 6 的回归结果，可以得出重要结论，MAR 外部性、Jacobs 外部性和 Porter 外部性对装备制造业结构高度化的影响作用具有显著的阶段性特征，即短期内 MAR 外部性和 Porter 外部性对装备制造业结构高度化具有显著抑制作用，而 Jacobs 外部性则具有显著促进作用；但长期看，Jacobs 外部性对装备制造业结构高度化的促进作用会逐渐减弱，并逐渐转变为显著抑制高度化水平的提升，而 Porter 外部性对装备制造业结构高度化的抑制作用也会逐渐下降，并会呈现出对其结构高度化的正向效应。

此外，从控制变量来看，地区装备制造业出口规模每提高 1%，则其结构高度化水平会提高近 6%，且影响作用十分显著。这表明，装备制造业国际贸易对其产业结构高度化具有显著促进作用。进一步，从中国装备制造业参与全球价值链（GVC）的角度看，则表明尽管整体上中国装备制造业在全球价值链中仍处于中低端位置，但其发展趋势与前景良好，且其结构的高度化水平呈现出不断改进和提升的趋势（林桂军，2015）。同时，还可以发现单位企业规模对装备制造业结构高度化具有负向作用，虽然这一影响并不显著，但却也能反映出装备制造业作为资本和技术密集型产业，其生产和技术关联较为复杂，因而企业规模越大其技术更新的频率将会越慢。

6.4.2.3 对实证结果的进一步解释和说明

实证检验表明，外部性对中国装备制造业结构优化的积极作用主要体现在产业结构合理化方面，且较为稳健，而对产业结构高度化的作用则存在显著的异质性。通过实证检验的结论以及对其背后的原因进行深入分析之后，不难发现外部性对装备制造业结构优化作用的这一特点恰恰具有深厚的理论依据与现实基础。

首先，MAR 外部性在促进知识和技术溢出方面，不仅仅涉及高端知识和技术的溢出，也包括中低端知识和技术的溢出，而且目前中国装备制造业的知识和技术溢出仍然主要集中在中低端领域。这主要是因为，一方面，技术升级和创新具有高风险性，其机会成本很高，因而国内装备制造业企业往往在价值链中低端环节的低风险技术领域创新较多，而对高风险且收益时滞较长的核心技术研发活动的兴趣并不高，成果也相对较少（安同良，2006）。另一方面，中国装备制造业的 R&D 主要是一种跟随性从外部获取的知识和技术，因而难以接触到国际高端的装备制造业技术，这就造成了中国装备制造业的知识和技术储备主要以中低端为主，因此，其溢出也主要集中在中低端领域。进一步来看，中低端知识和技术的溢出能够在短期内促成产业化推广，一定程度上必然促进装备制造业生产效率和产业之间协作性的提升，进而推动产业结构合理化水平的提高。但长期来看，这一模式只是高端装备制造业的低附加值化，而并不能引致装备制造业整体的结构高度化。此外，MAR 外部性主导下的地区装备制造业的发展也有可能仅仅是规模效应引致的交易成本下降和更多的要素投入，这一模式也会对知识和技术的溢出产生替代效应，从而阻碍装备制造业的技术升级和创新，进而对其结构高度化产生恶化作用。从上述分析可以发现，实证检验中 MAR 外部性与装备制造业结构合理化正相关，与装备制造业结构高度化负相关的结论是合乎理论和现实的。同时，这些结论也具有较强的政策含义，即地方政府在推进装备制造业供给侧结构性改革的过程中，一方面要利用 MAR 外部性积极推进地区装备制造业结构的合理化，促进产业（部门）之间的均衡协调发展；另一方面也要重点关注知识和技术的创新与积累，引导和扶植企业开展高风险的技术研发活动，克服 MAR 外部性对产业结构高度化产生的负面效应，进而构建起装备制造业产业结构高度化的长效机制。

其次，实证检验中，Jacobs 外部性不仅能够促进装备制造业结构合理化水平的提升，而且也能有效促进其产业结构高度化水平的提高，其内在原因主要在于以下两点：一方面，从理论上看，Jacobs 外部性采用生物多样性熵值进行测度，在生态学中这一熵值客观上是地区生物之间生态均衡性的反映，也就是说 Jacobs 外部性实质上也是地区装备制造业各产业（部门）之间生产结构协调性的体现，且产业结构合理化的重点也在于产业（部门）间的聚合质量的提升。因此，从这一角度来看，Jacobs 外部性必然与产业结构合理化具有正相关性。另一方面，在现实经济实践之中，更为重要的是，Jacobs 外部性理论认为，在产业（部门）多样化条件下必然存在规模庞大的互补性知识和技术，这就使得知识和技术溢出更易于实现和也更为高效，而且互补性知识和技术的相互交融，也更能促成交叉思维的碰撞和知识新的融合，促进创新搜寻行为和新技术的扩散，进而为持续性的知识和技术溢出提供源泉保障。由此可见，Jacobs 外部性有利于技术升级和持续创新机制的构建，也就必然会对产业结构整体的高度化水平产生积极效应。这一结论的政策含义在于，政府部门在引导和推进装备制造业供给侧结构性改革的过程之中，应该重点推进关联性和互补性产业（部门）的多元化发展，并关注装备制造业各产业（部门）间的配套化服务建设。

最后，Porter 外部性能够增加企业的创新动力，促进知识和技术的溢出，但同时 Porter 外部性也具有降低创新主体应得收益的客观效果。进一步来看，一方面，Porter 外部性能够不断优化各地区的制度环境，抑制"机会主义"倾向，降低交易费用和经济损耗，有利于知识和技术的溢出及其产业化推广，因而能够推动装备制造业结构合理化水平的提高；另一方面，在激烈的竞争氛围之下，企业往往也会迫于竞争和生存压力转而放弃高风险的技术创新，从而会对装备制造业结构高度化水平的提升产生制约作用。但长远看，在市场竞争机制不断趋于完善的条件下，特别是随着"现代化经济体系"建设的深入开展，Porter 外部性最终会催生一批具有核心技术竞争力的地区主导企业，进而能够通过主导产业的示范带动和扩散效应推动地区装备制造业结构高度化。因而，Porter 外部性作用的政策含义就在于，地方政府应该着力于进行良好的地区营商环境和产业发展环境建设，特别是重点推进公平自由的产业竞争环境的营造，这也是深入开展装备制造业供给侧结构性改革、推动现代化经济体系建设的重要内容。

6.4.3 稳健性讨论

前文通过对外部性与产业结构优化之间关系的系统探讨，得出了一些重要的结论。同时，尽管各个模型的相关检验都表明模型估计结果是合理可信的，但为进一步保证这些结论的准确性和可靠性，仍有必要对实证检验进行稳健性讨论。

在前文的实证分析中，本章以泰尔熵指数和高端装备制造业比重分别衡量产业结构合理化与产业结构高度化水平，在此考虑用结构偏离度对产业结构合理化进行度量（陈素青，2004；唐晓华，2016），亦采用高端装备制造业与中端装备制造业的产值之比作为装备制造业产业结构高度化的另一种度量。确定完替代指标后，同样，需要对其分别进行单位根检验和协整检验（见表 6 – 5 和表 6 – 6）。

表 6 – 5　　　　　　　　　　单位根稳健性检验结果

变量	LLC 检验 t 统计量	Breitun 检验 t 统计量	IPS 检验 W 统计量	Fisher – AD 检验 χ^2 统计量	Fisher – PP 检验 χ^2 统计量	检验结果
lnSDE	– 5.0942 ***	0.3782	– 1.6277 *	83.8444 **	102.5711 ***	平稳
lnESH	– 3.73490 ***	—	– 1.7668 **	79.6694 **	67.6038	平稳

注：***，** 和 * 分别代表在1%、5%和10%显著水平上显著。

表 6 – 6　　　　　　　　　　协整稳健性检验结果

检验方法	统计量	SDE 模型 t 值	ESH 模型 t 值
Kao 检验	ADF	– 3.2993 ***	– 5.9491 ***
Pedroni 检验	Panel ADF – Statistic	– 3.7156 ***	– 5.5951 ***
	Group ADF – Statistic	– 8.5770 ***	– 6.1545 ***

注：***，** 和 * 分别代表在1%、5%和10%显著水平上显著。

其中，表 6 – 5 表明两个替代变量均在 5% 的显著水平上拒绝原假设，且均为"零阶单整"。

表6-6亦表明 SDE 模型和 ESH 模型均在 1% 的显著水平上拒绝原假设，这说明变量之间存在长期稳定的均衡关系，在此基础上进行回归分析（见表6-7），其结果是可信的。

表6-7　　　　中国装备制造业动态面板 GMM 估计分析稳健性检验

变量	lnSDE			lnESH		
	模型7	模型8	模型9	模型10	模型11	模型12
lnMAR_{it}	−1.460 *** (−4.441)	−0.923 *** (−2.659)	−1.478 *** (−4.394)	−4.387 *** (−6.525)	−4.359 *** (−6.863)	−4.088 *** (−6.777)
ln$Jacobs_{it}$	−1.388 *** (−5.980)	−1.387 *** (−5.876)	−1.232 *** (−3.143)	1.673 *** (3.966)	1.674 *** (4.058)	2.856 *** (4.381)
ln$Porter_{it}$	−0.549 *** (−4.126)	−0.584 *** (−4.352)	−0.559 *** (−4.166)	−0.442 ** (−2.349)	−0.536 ** (−2.066)	−0.451 ** (−2.453)
$L.$ lnMAR_{it}		−0.768 *** (−2.970)				
$L.$ ln$Jacobs_{it}$			−0.209 (−0.637)			−1.542 ** (−2.196)
$L.$ ln$Porter_{it}$					0.119 (0.588)	
lnReg_{it}	0.0405 (0.731)	0.0454 (0.830)	0.0422 (0.764)	0.716 *** (8.945)	0.692 *** (8.441)	0.690 *** (8.610)
ln$gcom_{it}$①	−0.418 *** (−8.391)	−0.435 *** (−8.644)	−0.419 *** (−8.405)	0.568 *** (4.911)	0.574 *** (5.097)	0.606 *** (5.217)
F 统计量	32.40	29.56	30.62	30.85	27.44	30.62
Hansen 检验	0.1823	0.2013	0.1717	0.1113	0.1076	0.1517
截面数	30	30	30	30	30	30
观测值	420	420	420	420	420	420
备注	固定效应	固定效应	固定效应	固定效应	固定效应	固定效应

注：（1）本表计量结果由 Stata/SE 15.0 给出，其中 * 、** 和 *** 分别表示在 10%、5% 和 1% 水平下显著，括号内数值为对应统计值的 t 统计量；（2）Hansen 检验的原假设为"所有工具变量都有效"，如果 P 值大于 10%，表明在 10% 的水平下无法拒绝原假设，即工具变量的选取是合适的。

———————

① 模型10~模型12采用地区单位企业的就业以表征企业规模。

　　将表 6-7 与表 6-4 的相关结果进行对比可以发现，各个模型的相关检验再次表明模型估计是合理的。同时，外部性对装备制造业结构合理化和高度化的影响除数值大小有所差别外，在符号上完全一致，且显著性程度也具有较高的一致性。这意味着，使用 SDE 和 ESH 作为装备制造业结构合理化和高度化的替代变量时，外部性对产业结构优化的影响亦表现出与前文结果的一致性，表明前文的实证检验结果是稳健的，得出的结论也是可靠和可信的。

6.5　本章小结

　　本章将外部性区分为 MAR 外部性、Jacobs 外部性和 Porter 外部性等三种类型，同时将产业结构优化区分为产业结构合理化与产业结构高度化两个维度，并对外部性与产业结构优化传统的度量方式进行继承和改进，进而利用 GMM 估计方法对中国 30 个省份 2000~2015 年装备制造业面板数据进行分析，重点考察了外部性对中国装备制造业结构优化的影响作用。通过对问题的深入探讨和分析，本章形成了以下主要结论与政策建议。

　　本章发现，外部性对中国装备制造业结构优化的积极作用主要体现在结构合理化方面，且较为稳健，而对结构高度化的作用则存在显著的异质性。具体来看，一方面，短期内 MAR 外部性、Jacobs 外部性和 Porter 外部性对中国装备制造业结构合理化水平的提升均具有十分显著的正向结构效应和技术效应，且 MAR 外部性和 Jacobs 外部性的作用强度要明显高于 Porter 外部性，但长期内仅仅 MAR 外部性的正向效应能够得到延续。另一方面，MAR 外部性、Jacobs 外部性和 Porter 外部性对装备制造业结构高度化的结构效应和技术效应较为复杂，且呈现出显著的阶段性特征，即短期内 MAR 外部性和 Porter 外部性对装备制造业结构高度化具有显著抑制作用，而 Jacobs 外部性则具有显著促进作用；但长期看，Jacobs 外部性对结构高度化的促进作用会逐渐减弱，并转变为显著抑制高度化水平的提升，而 Porter 外部性对结构高度化的抑制作用也会逐渐下降，并会逐步呈现出对结构高度化的正向效应。

　　进一步的分析表明，外部性对中国装备制造业结构合理化与高度化的影响作用所具有的异质性特点具有深厚的理论依据与现实基础。据此并结合党的十九大报告中强调的"深化供给侧结构性改革"和"建设现代化经济体系"的要求，本章拟提出以下两点政策建议：第一，政府部门不仅要关注装备制造业发展的历史条件、地理区位、要素投入和政策利好等因素，更应关注外部性因素（即 MAR 外部性、Jacobs 外部性和 Porter 外部性等）对装备制造业结构优化产生的贡献。这样既能减少政府对经济活动的过度干预，实现由"政策优惠竞争"向"服务优化竞争"的转变，进而向服务型政府转型，又能充分发挥市场在供给侧结构性改革中的主导作用，推动中国装备制造业发展的"质量变革、效率变革和动力变革"。第二，中国装备制造业发展的"不平衡"和"不充分"问题应当被放在更为重要的位置之上，大力推进供给侧结构性改革，不断优化装备制造业产业结构，推动其合理化与高度化水平的持续提升。具体而言，一方面，政府和企业要重视 MAR 外部性、Jacobs 外部性和 Porter 外部性对产业结构合理化的正向效应，促进装备制造业各产业部门之间的均衡协调发展，加强各产业（部门）间的配套化服务建设，着力于良好的地区产业发展环境的营造，最终促进装备制造业结构合理化水平的持续提升；另一方面，地方政府也要重点关注知识和技术的创新与积累，促进关联性和互补性产业（部门）的交流与合作，引导和扶植企业开展高风险的技术研发活动，推进营造公平自由的产业竞争环境，进而克服 MAR 外部性和 Jacobs 外部性短期内对结构高度化产生的负面效应，最终构建起中国装备制造业结构高度化的长效机制。

第 7 章
外部性作用下装备制造业增长与
结构优化关系的实证研究

7.1 引言

理论上，产业增长与产业结构优化的相互关系问题一直是经济学研究的重要内容，而且产业结构优化也一直被国外国内学者视为产业增长的重要动力（Chenery，1986；周振华，1992；Peneder，2002；Dekle，2012；黄亮雄，2013；唐晓华，2016）。特别是"结构红利"假说（Timmer & Szirmai，2000）被引入产业增长的分析框架之后，产业结构优化在产业增长中所发挥的动力作用便得到了更多更深入的阐释。一方面，产业结构优化进一步被细分为产业结构合理化与产业结构高度化，以考查产业结构聚合质量和转换质量在产业增长中的作用（黄继忠，2002；干春晖，2011；唐晓华，2016；冀刚，2018）；另一方面，国内外学者也开始系统地探讨外部性（如 MAR 外部性、Jacobs 外部性和 Porter 外部性）约束下产业结构优化对产业增长影响作用的复杂性问题（Henderson，2003；Neffke，2008；王春晖，2014；孙宁华，2016；冀刚、黄继忠，2018）。这些研究不仅继续验证了产业结构优化与产业增长之间的密切关系，而且也表明外部性因素能够通过对要素资源重置效率以及知识和技术外溢所产生的技术进步效率等的影响进而对产业结构合理化和高度化产生约束作用，并最终影响地区产业经济绩效和产业增长状况。

从发展趋势与外部环境看，21 世纪以来，中国装备制造业在很大程度上依靠产业结构的演变而获得了迅速发展。当前，中国装备制造业产值规模占全球装备制造业的比重超过 1/3，连续多年稳居世界首位，而且"未来 10 年装备制造业将成为经济发展的主要拉动力量"（石勇，2016）。与此同时，全球装备制造业产业格局加速调整，发达经济体高端制造业回流以及新兴经济体争夺中低端制造业转移同时发生，对我国装备制造业发展形成了"双向挤压"①。再加之，国内也面临着积极适应经济新常态和深化供给侧结构性改革的"双重任务"，从而使我国装备制造业面临着"稳增长"和"调结构"的巨大挑战。因此，如何通过推进产业结构优化，继续深化供给侧结构性改革，以破解我国装备制造业产业结构演变过程中暴露出来的"合理化不足、高度化不够"的弊病，进而促进其发挥作为推动经济发展提质增效升级主战场的作用，便成为学术界急需关注的一大课题（史丹，2017）。

既然产业结构优化与产业增长密切相关，而产业结构优化在很大程度上又会受到外部性的制约，那么在考虑不同外部性强度差异的前提下，展开产业结构优化对产业增长影响作用的探讨就显得尤为重要。但是，在研究过程中，如何根据外部性强度差异进行样本分离和区间分异也必然会对研究结论产生重要影响。对此，有学者指出，传统的样本分离和区间分异方法并不是经济内在机制决定的，其主观随意性较强，而且这些方法的门槛值都是外生给定的，因而也无法进行门槛值置信区间的推导，进而往往会导致回归结果的偏误（Gomanee，2003）。因此，为弥补上述缺陷，汉森（Hansen，1999）提出了"门槛面板模型"（Panel Threshold Model），其主要优点在于：（1）门槛值及其数量完全由数据本身内生决定，从而避免了主观随意性的干扰；（2）可以通过渐近分布理论推导门槛值的置信区间；（3）还可以利用 Bootstrap 方法估计门槛值的统计显著性。因此，本章利用中国 2000～2015 年 30 个省份的装备制造业面板数据，以门槛面板模型为

①　金融危机（2008）之后，实体经济的重要性被重新认知，世界发达经济体相继提出"再工业化"战略，发展中经济体也在加快谋划和布局。例如，美国的《先进制造业国家战略计划》（2012），德国的《工业 4.0 战略》（2013），英国的《英国工业 2050 战略》（2013），法国的《新工业法国》（2013）以及印度的《国家制造业政策》（2011）等。

基础，同时借鉴连玉君（2006）的估计方法，对面板数据进行自动识别，以内生地确定地区装备制造业外部性强度差异的门槛值，以期对不同外部性强度下产业结构优化与产业增长之间的关系问题做出进一步的回答和阐释，同时也为中国装备制造业积极应对"稳增长"和"调结构"的巨大挑战以及继续深化"供给侧结构性改革"提供一个新的方向和政策思路。

7.2 理论框架

7.2.1 外部性约束下装备制造业增长与结构优化关系的作用机理

尽管诸多学者围绕产业增长与产业结构优化作用关系问题进行了广泛而深入的研究，并系统地梳理了产业增长与产业结构优化之间复杂的作用机理（黄茂兴，2009；干春晖，2011；傅元海，2016），但是现有的研究却并未对产业结构优化驱动产业增长的外部性作用问题给予足够的关注。事实上，MAR 外部性、Jacobs 外部性和 Porter 外部性对产业结构合理化和产业结构高度化都具有较强的约束作用（冀刚，2018），以致严重影响到了产业结构优化对产业增长驱动作用的发挥。也就是说，外部性对产业增长与产业结构优化关系作用机理的核心在于外部性对产业结构合理化与产业结构高度化的约束作用（见图 7 -1）。

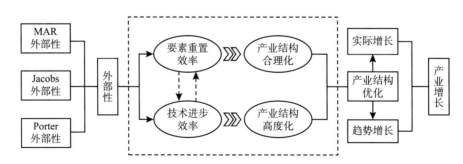

图 7 -1 外部性作用下装备制造业产业增长与结构优化的关系

7.2.1.1　外部性对装备制造业结构合理化的约束作用

产业结构合理化是产业结构优化的基础，是要素投入结构和生产结构耦合程度的度量，强调产业（部门）间的聚合质量，其核心驱动力量源于要素资源重置效率的不断提升，但要素资源重置效率却又受到外部性的严重制约。因此，外部性对产业结构合理化的约束作用主要是通过约束要素资源重置效率进而影响产业结构聚合质量而实现的。具体而言，首先，MAR 外部性是指由于专业化生产而引致的外部性（Marshall，1920；Arrow，1962；Romer，1986），强调产业（部门）内企业的专业性集聚，因而天然地具有空间集聚特征，能够方便地共享劳动力市场以及交通、能源、信息通信等基础设施和服务，从而可以有效降低要素资源的流动和转换成本，进而能够有效提升要素资源的重置效率；反之，若 MAR 外部性强度不足，则要素资源的流动和转换成本必然上升，进而就会严重抑制要素资源重置效率的提升，最终阻碍产业结构合理化的进程。其次，Jacobs 外部性是指由于关联性产业（部门）的协作性生产而引致的外部性（Jacobs，1969；Glaser，1996；Quigley，1998），强调产业（部门）间的沟通与协作，因而也就必然有利于人才、资本、信息、知识和技术以及管理理念等要素资源在产业（部门）间的交流与融合，并实现协作经济，从而既能有效降低搜寻成本，又能显著提升要素资源的配对机会（孙晓华，2012）；反之，若 Jacobs 外部性强度不足，则关联产业（部门）间的沟通与协作便会受到抑制，进而阻碍要素资源的自由流动与融合，最终必然不利于产业结构合理化的推进。最后，Porter 外部性是指由于产业企业竞争性集聚而产生的外部性（Porter，1990），强调自由开放的市场机制和良好的企业竞争氛围。因而，在完善的市场经济体制条件之下，也就必然会起到活跃要素市场的效果，从而大幅降低要素资源的流动和交易费用，进而驱动要素资源重置效率的不断改善；反之，若 Porter 外部性强度不足，就必然难以有效保障要素资源的自由流通，进而会不断恶化产业结构合理化水平。

7.2.1.2　外部性对装备制造业结构高度化的约束作用

产业结构高度化是产业结构优化的方向，是产业部门高端化程度的度量，强调产业（部门）间的结构转换质量（周振华，1992），其核心驱动力量来源于技术进步效率的不断提升，但技术进步效率也会受到外部性的严重制约。因此，外部性对产业结构高度化的约束作用主要是通过约束技术进步效率进而影响产业结构转换质量而实现的。无论何种形式的外部性，其核心都在于知识和技术的外溢（张旭华，2012），而外部性对产业结构高度化的约束作用也正是基于这一核心而展开的。具体而言，首先，MAR 外部性具有显著的专业化分工倾向，而专业化分工的持续增强，必然会促进知识和技术的深度交流与融合，从而引致知识和技术的专业性溢出，甚至促成技术深化基础上的创新，进而不断提升技术进步效率，最终提高产业结构高度化水平；反之，若 MAR 外部性强度不足，则知识和技术的外溢就难以深化，从而技术创新的效率必然减低，进而便会明显抑制技术进步效率，阻碍产业结构高度化水平的提升。其次，Jacobs 外部性不仅具有显著的协作性分工倾向，而且这种协作性分工也是一种多样化的分工安排。因此，Jacobs 外部性既能够通过分工的互补性加快新技术、新思想的传播（王耀中，2012），也能够通过分工的差异性给地区产业发展带来活力，促进思想的碰撞和知识的融合，进而促进知识和技术的外溢，甚至促成技术协作基础上的创新，从而更高效地提升技术进步效率；反之，若 Jacobs 外部性强度不足，则产业间知识和技术的交叉融合与重组必然受阻，也就难以产生知识和技术的外溢效应，进而阻碍技术进步和创新，最终必然会对产业结构高度化产生严重的恶化作用。最后，Porter 外部性具有显著的自由性分工的倾向，而自由性分工更利于要素资源在产业或企业间的流动与融合，而且还有助于促进知识和技术"网络效应"的产生，甚至会促成技术广化基础上的创新，进而必然会促进技术进步效率的提升；反之，若 Porter 外部性强度不足，自由性分工必然会受到干扰，从而降低知识和技术的"网络效应"和"技术广化效应"，迟滞新技术的产业化推广，进而成为技术进步效率提升的桎梏，最终必然会降低产业结构高度化水平。

7.2.2 外部性成长指数

MAR 外部性、Jacobs 外部性和 Porter 外部性对产业结构合理化与高度化均存在显著的约束作用，但同时三者之间既相互联系又彼此区别显著（干春晖，2011）；既具有协调一致的特征，又往往在某些情况下也表现出显著的相互排斥性。因此，将 MAR 外部性、Jacobs 外部性和 Porter 外部性分别作为门槛变量以考察产业结构优化对产业增长的影响作用，既存在理论缺陷，又不具备效率性。为此，有必要将 MAR 外部性、Jacobs 外部性和 Porter 外部性整合在一起，并封装在一个变量之中，以抵消三者之间复杂的相互作用关系，进而可以方便地将外部性整体作为门槛变量，以深入考察产业增长与产业结构优化的相互作用关系。

因此，本章通过构建外部性成长指数（Externalities Growth Index，EGI）以综合反映外部性的发展变化等状况，并借鉴黄亮雄（2013）和万建香（2016）的思想，将外部性成长指数定义为 MAR 外部性、Jacobs 外部性和 Porter 外部性等三者的交叉因子，即外部性成长指数 = MAR 外部性 × Jacobs 外部性 × Porter 外部性。具体来看，一方面，EGI 能够综合反映 MAR 外部性、Jacobs 外部性和 Porter 外部性的整体效果，即在各外部性变化趋势趋于一致时，EGI 能够很好地体现外部性相互叠加而产生的外部性作用强化效应；在外部性变化趋势趋于异质时，EGI 又能很好地反映外部性相互排斥而产生的外部性作用弱化效应。另一方面，EGI 的构建也能极大地简化门槛检验模型，并能直接而显著地提高计量检验和回归分析的效率，也能使分析结论更具简洁性和指导性。

7.3 研究设计

7.3.1 模型构建

在假设边际规模报酬不变（CRS）的条件下，对 Cobb – Douglas 生产函数进行变换，并将产业结构引入生产函数，进而扩展成含有产业结构合理化和高度化的产业增长模型。

$$Y_{it} = A_{it}F(K_{it}, L_{it}) = A_{it}K_{it}^{\alpha}L_{it}^{\beta} \quad \alpha > 0, \ \beta > 0, \ \alpha + \beta = 1 \qquad (7.1)$$

其中，i 表示地区，t 表示年份；Y 表示装备制造业的年度 GDP 产出值，K 和 L 则分别表示资本和劳动投入，而 α 和 β 则分别代表资本和劳动对总产出的贡献率。

对式（7.1）进行线性处理，同时将其滞后 1 期并相减可得式（7.2）：

$$\ln Y_{it} - \ln Y_{i,t-1} = \ln A_{it} - \ln A_{i,t-1} + \alpha(\ln K_{it} - \ln K_{i,t-1}) + \beta(\ln L_{it} - \ln L_{i,t-1})$$

$$(7.2)$$

也可整理为：

$$\ln \frac{Y_{it}}{Y_{i,t-1}} = \ln \frac{A_{it}}{A_{i,t-1}} + \alpha\ln \frac{K_{it}}{K_{i,t-1}} + \beta\ln \frac{L_{it}}{L_{i,t-1}} \qquad (7.3)$$

此处，借鉴干春晖（2011）的思想，将装备制造业结构合理化（ESR）与高度化（ESU）等因素引入产业增长模型[1]，即

$$\ln \frac{A_{it}}{A_{i,t-1}} = \kappa\ln ESR_{i,t-1} + \gamma\ln ESU_{i,t-1} + \mu_{it} \qquad (7.4)$$

其中，ESR 为装备制造业结构合理化水平，而 ESU 则为产业结构高度化水平，且二者为主要考察变量，故将其他干扰因素归入扰动项 μ_{it}。因此，将式（7.4）代入式（7.3），可得到：

$$\ln \frac{Y_{it}}{Y_{i,t-1}} = \kappa\ln ESR_{i,t-1} + \gamma\ln ESU_{i,t-1} + \alpha\ln \frac{K_{i,t}}{K_{i,t-1}} + \beta\ln \frac{L_{it}}{L_{i,t-1}} + \mu_{it} \quad (7.5)$$

简化式（7.5）可得：

$$\ln y_{it} = \kappa\ln ESR_{i,t-1} + \gamma\ln ESU_{i,t-1} + \alpha\ln k_{it} + \beta\ln l_{it} + \mu_{it} \qquad (7.6)$$

同时，由于中国受其自身的产业结构、经济发展水平和发展模式以及政策体制等的影响，往往表现出较强的经济增长惯性（吕捷、胡鞍钢，2013）。因此，本章将产业增长的滞后 1 期作为控制变量引入式（7.6），以缓解增长惯性对模型的干扰。从而，最终将装备制造业增长模型扩展为式（7.7）：

$$\ln y_{it} = \kappa\ln ESR_{i,t-1} + \gamma\ln ESU_{i,t-1} + \alpha\ln k_{it} + \beta\ln l_{it} + \vartheta\ln y_{i,t-1} + \mu_{it} \quad (7.7)$$

进一步，借鉴汉森（1999）提出的门槛面板模型（PTM），将外部性成长指数（EGI）[2] 作为门槛变量引入式（7.7），进而得到装备制造业结

---

[1] 理论上，鉴于产业结构合理化和高度化对产业增长影响作用的发挥通常存在一个较长的时滞，因而 ESR 和 ESU 均取期末值而非期初值。

[2] 实践中，MAR 外部性、Jacobs 外部性和 Porter 外部性的产生与其综合效应（EGI）的显现之间必然存在时滞，故 EGI 亦取期末值。

构合理化增长门槛模型和结构高度化增长门槛模型，即式（7.8）和式（7.9）：

$$\ln y_{it} = \psi_1 \ln ESR_{i,t-1} \cdot I(\ln EGI_{i,t-1} \leq \xi) + \psi_2 \ln ESR_{i,t-1} \cdot I(\ln EGI_{i,t-1} > \xi)$$
$$+ \gamma \ln ESU_{i,t-1} + \alpha \ln k_{it} + \beta \ln l_{it} + \vartheta \ln y_{i,t-1} + \mu_{it} \qquad (7.8)$$

$$\ln y_{it} = \phi_1 \ln ESU_{i,t-1} \cdot I(\ln EGI_{i,t-1} \leq \xi) + \phi_2 \ln ESU_{i,t-1} \cdot I(\ln EGI_{i,t-1} > \xi)$$
$$+ \kappa \ln ESR_{i,t-1} + \alpha \ln k_{it} + \beta \ln l_{it} + \vartheta \ln y_{i,t-1} + \mu_{it} \qquad (7.9)$$

易知式（7.8）和式（7.9）仅仅是单一门槛假设下的计量检验模型，而在双重门槛假设下，其计量检验模型可以方便地拓展为：

$$\ln y_{it} = \Psi_1 \ln ESR_{i,t-1} \cdot I(\ln EGI_{i,t-1} \leq \xi_1) + \Psi_2 \ln ESR_{i,t-1} \cdot I(\xi_1 < \ln EGI_{i,t-1} \leq \xi_2)$$
$$+ \Psi_3 \ln ESR_{i,t-1} \cdot I(\ln EGI_{i,t-1} > \xi_2) + \gamma \ln ESU_{i,t-1}$$
$$+ \alpha \ln k_{it} + \beta \ln l_{it} + \vartheta \ln y_{i,t-1} + \mu_{it} \qquad (7.10)$$

$$\ln y_{it} = \Phi_1 \ln ESU_{i,t-1} \cdot I(\ln EGI_{i,t-1} \leq \xi_1) + \Phi_2 \ln ESU_{i,t-1} \cdot I(\xi_1 < \ln EGI_{i,t-1} \leq \xi_2)$$
$$+ \Phi_3 \ln ESU_{i,t-1} \cdot I(\ln EGI_{i,t-1} > \xi_2) + \kappa \ln ESR_{i,t-1}$$
$$+ \alpha \ln k_{it} + \beta \ln l_{it} + \vartheta \ln y_{i,t-1} + \mu_{it} \qquad (7.11)$$

需要指出的是，上述计量检验模型反映的是，不同外部性强度下装备制造业结构合理化和高度化对其实际增长的影响，而在要素资源和技术条件等得到充分利用条件下的潜在产出即实际产出中的趋势成分，具有表征产出增长潜力的特点，更能反映产业增长的趋势性和可持续性问题。因此，本章亦借助上述门槛检验模型，进而考察不同外部性强度下产业结构合理化和高度化对装备制造业趋势增长的影响作用。

7.3.2　变量说明与指标选取①

关于产业增长，根据模型推导，本章以装备制造业产值增长率作为其衡量指标，并采用 Malmquist 指数（即 MI 指数）作为装备制造业产值增长率的替代指标，以展开模型的稳健性讨论。关于产业结构优化，鉴于装备制造业资本密集的属性，本章以反映生产结构与投资结构的耦合程度的泰

---

① 此处，关于产业增长、产业结构优化、外部性以及控制变量等指标的计算公式在第 4 章中有翔实阐释，此处不再赘述。

尔熵测度产业结构合理化水平（ESR）；鉴于装备制造业中低端产业升级的迫切性，本章以中低端装备制造业产值比重的倒数测度产业结构高度化水平（ESU）。

关于外部性成长指数（EGI），根据前文的理论阐释，其计算公式为：

$$EGI_{it} = MAR_{it} \times Jacobs_{it} \times Porter_{it} \qquad (7.12)$$

由此，式（7.12）表明外部性成长指数测度的关键在于 MAR 外部性、Jacobs 外部性和 Porter 外部性等三种外部性测度指标的计算。其中，MAR_{it} 为 MAR 外部性的测度指标，采用区位熵指标进行测度（Glaeser，1992；周锐波，2017）；$Jacobs_{it}$ 为 Jacobs 外部性的测度指标，采用多样性熵值进行测度（Frenken，2007；苏红键，2012）；$Porter_{it}$ 为 Porter 外部性的测度指标，采用产业竞争指数进行测度（Gerben，2004；张旭华，2012）。

关于控制变量，根据计量模型推导过程，除了将资本和劳动投入以及增长惯性作为控制变量外，需要特别指出的是，由于本章将产业结构优化区分为产业结构合理化与高度化两个方面，且分别探讨在以外部性成长指数（EGI）为门槛变量的条件下，产业结构合理化与高度化分别对装备制造业产业增长的影响。因此，产业结构合理化与高度化也被交替视为控制变量而出现在计量检验模型之中。

7.3.3　数据描述性统计[①]

本章所涉及各主要变量的描述性统计如表 7-1 所示。

表 7-1　　　　　　　　　　主要变量描述性统计

	变量	符号	样本	均值	标准差	最小值	最大值
被解释变量	产值增长率	$\ln y_{GDP}$	450	0.166	0.115	-0.371	0.653
	产业 MI 指数	$\ln y_{MI}$	450	0.080	0.127	-0.412	0.653

---

① 本章数据来源与第 4 章相同，且对数据的定基处理和平滑性处理等与第 5 章一致。因此，此处不再赘述。

	变量	符号	样本	均值	标准差	最小值	最大值
解释变量	产业结构合理化	$lnESR$	450	−3.383	0.993	−5.905	−0.300
	产业结构高度化	$lnESU$	450	0.258	0.225	0.002	1.225
门槛变量	外部性成长指数	$lnEGI$	450	4.714	0.581	3.211	7.940
控制变量	资本投入	lnk	450	0.103	0.145	−0.505	0.753
	劳动投入	lnl	450	0.030	0.109	−0.671	0.578

7.4 实证分析

7.4.1 变量平稳性检验

理论上，门槛面板模型一般要求相关变量，尤其是门槛变量必须为平稳变量，即不存在单位根（陈立中，2009；李子豪，2012）。因此，本章首先需要对模型中所涉及的相关变量进行单位根检验。同时，鉴于面板数据单位根可能存在的差异性以及单位根检验的稳健性问题，本章借鉴孙晓华（2012）的做法，综合采用相同单位检验（Levin – Lin – Chu，即 LLC 检验）和不同单位根检验（Fisher – ADF）两种方法，且仅仅当两种检验均拒绝存在单位根的原假设时，本章才认为此面板序列是平稳的。

从表 7 – 2 的检验结果看，所有变量均在两种检验中以 5% 的显著水平拒绝存在单位根的原假设，即门槛面板模型所涉及的相关变量均满足平稳性的要求。

表 7 – 2　　　　　　　　　　　主要变量单位根检验

主要变量	LLC 检验（t 统计量）	Fisher – ADF 检验（χ^2 统计量）	检验结果
lny_{GDP}	−7.311 ***	118.638 ***	平稳
lny_{GDP}^{*}	−11.171 ***	253.234 ***	平稳

续表

主要变量	LLC 检验（t 统计量）	Fisher – ADF 检验（χ^2 统计量）	检验结果
$\ln y_{MI}$	– 14. 528 ***	239. 144 ***	平稳
$\ln y_{MI}^*$	– 3. 457 ***	154. 416 ***	平稳
$\ln ESR$	– 3. 917 ***	104. 656 ***	平稳
$\ln ESU$	– 2. 018 **	82. 790 **	平稳
$\ln EGI$	– 3. 866 ***	108. 492 ***	平稳

注：* 、** 和 *** 分别表示在 10% 、5% 和 1% 显著性水平拒绝原假设。

7.4.2　装备制造业门槛效应回归分析

一般而言，门槛类型和门槛值主要通过 LR 检验（连玉君，2006；李梅，2012；万建香，2016）或 LM 检验（孔东民，2007）确定，但由于 LR 统计量和 LM 统计量又都具有非标准分布的特点，因此需要借助 "自助抽样法（Bootstrap）" （Efron，1979）计算 p 值。此外，鉴于 LR 检验具有同时包含有约束和无约束估计信息的优点，本章最终选择采用 LR 检验确定门槛类型和门槛值，并将抽样次数设定为 300 次（李子豪，2012），其检验结果如表 7 – 3 所示①。

表 7 – 3　　　　　外部性成长指数（EGI）门槛效应检验

解释变量	门槛类型	门槛值	F 值	LR 值	置信区间（95%）	临界值		
						1%	5%	10%
实际增长（$\ln y_{GDP}$）	ESR	单一门槛 4. 735	21. 515 ***	21. 514	[4. 478, 5. 398]	13. 695	11. 137	9. 648
		双重门槛 4. 521 5. 397	9. 753 ***	15. 145 9. 189	[4. 415, 5. 726] [4. 415, 4. 826]	6. 722	0. 896	– 1. 454
	ESU	单一门槛 4. 754	13. 136 ***	13. 098	[4. 415, 5. 249]	10. 764	7. 937	6. 915
		双重门槛 4. 345 4. 753	4. 007 ***	12. 523 4. 331	[3. 990, 5. 733] [4. 497, 5. 248]	5. 251	3. 446	2. 659

---

① 为避免样本容量过小而降低检验结果的准确度，一般将最小样本观测值设定为 10（Hansen，1999），此处调整为 20。

续表

解释变量	门槛类型	门槛值	F 值	LR 值	置信区间（95%）	临界值		
						1%	5%	10%
趋势增长（$\ln y^{*}_{GDP}$） ESR	单一门槛	4.757	87.188***	87.184	[4.753, 4.764]	48.237	34.512	29.225
	双重门槛	3.990 4.671	12.860***	55.657 10.022	[3.990, 5.733] [4.563, 4.761]	-5.725	-15.31	-19.81
ESU	单一门槛	4.600	56.510***	55.990	[4.56, 4.653]	46.437	28.721	23.240
	双重门槛	4.415 4.599	5.150	37.004 6.475	[3.990, 5.733] [4.596, 4.680]	19.434	9.324	5.199

注：*、** 和 *** 分别表示在 10%、5% 和 1% 显著性水平拒绝原假设；LR 值为 LR 统计量的最大估计值。

从表 7 - 3 可以观察到，就实际增长而言，当解释变量为产业结构合理化（ESR）时，式（7.8）的单一门槛效应（图 7 - 2a）和式（7.10）的双重门槛效应（图 7 - 2b 和图 7 - 2c），其统计检验效果都满足要求；当解释变量为产业结构高度化（ESU）时，式（7.9）的单一门槛效应（图 7 - 2d）的统计检验效果可以满足要求，但式（7.11）的双重门槛效应检验中第二个门槛值并不能满足统计检验要求（4.331 < 7.35）[①]。

同样，就趋势增长而言，当解释变量为产业结构合理化（ESR）时，式（7.8）的单一门槛效应（图 7 - 3a）和式（7.10）的双重门槛效应（图 7 - 3b 和图 7 - 3c），其统计检验效果都满足要求；当解释变量为产业结构高度化（ESU）时，式（7.9）的单一门槛效应（图 7 - 2d）的统计检验效果可以满足要求，但式（7.11）的双重门槛效应检验的 F 检验并不显著，且第二个门槛值也并不满足统计检验要求（6.475 < 7.35）。

---

① LR 检验中拒绝域的计算公式为：$LR(\gamma) > c(\alpha) = -2\log(1 - \sqrt{1 - \alpha})$，其中，$\alpha$ 为显著性水平。一般地，取 $\alpha = 5\%$ 显著水平下，LR 统计量的临界值为 7.35。

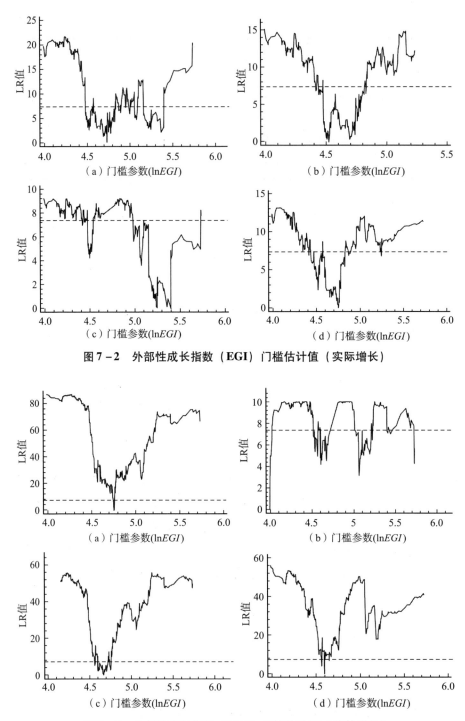

图7-2 外部性成长指数（EGI）门槛估计值（实际增长）

图7-3 外部性成长指数（EGI）门槛估计值（趋势增长）

进一步，通过图 7 - 2a 可以看出，尽管式（7.8）的单一门槛效应能够满足统计检验要求，但其 LR 的数值分布趋势却明显呈现出双重门槛效应的特征，而且图 7 - 2b 和图 7 - 2c 表现得更为明显。因此，总体来看，在装备制造业实际增长条件下，当解释变量为产业结构合理化（ESR）时，式（7.10）的双重门槛效应要优于式（7.8）的单一门槛效应。同样，图 7 - 3b 中 LR 值分布趋势较为复杂，其双重门槛特征并不十分明显，而图 7 - 3a 则较为简洁明朗，其单一门槛效应十分明显。因此，总体来看，在装备制造业趋势增长条件下，当解释变量为产业结构合理化（ESR）时，式（7.8）的单一门槛效应要优于式（7.10）的双重门槛效应。

在进行门槛面板效应回归分析之前，有必要对产业结构优化与装备制造业实际增长和趋势增长的关系进行线性回归分析，以大致了解装备制造业结构合理化和高度化对其实际增长和趋势增长影响作用的基本状况（见表 7 - 4）[①]。

表 7 - 4　　　　　　　　　　中国装备制造业面板回归分析

模型		门槛变量 $\ln EGI$	解释变量		F_stat	Adj_R^2	Obs	备注
			$\ln ESR$	$\ln ESU$				
实际增长 $(\ln y_{GDP})$	模型 1（线性回归）		0.006 (0.705)	0.122 *** (2.064)	43.75	0.324	420	固定效应
	模型 2（单一门槛回归）	$\ln EGI \leqslant \xi$ ($\xi = 4.735$)	0.015 ** (2.428)		38.14	0.329	420	固定效应
		$\ln EGI > \xi$ ($\xi = 4.735$)	- 0.002 (- 0.240)					
	模型 3（双重门槛回归）	$\ln EGI \leqslant \xi_1$ ($\xi_1 = 4.521$)	0.019 *** (3.174)		34.68	0.343	420	固定效应
		$\xi_1 < \ln EGI < \xi_2$	0.007 (1.029)					
		$\ln EGI > \xi_2$ ($\xi_2 = 5.397$)	- 0.015 * (- 1.781)					

①　为简洁起见，本章正文中所有回归结果（含表 7 - 4 和表 7 - 6）并未将控制变量等全部列出，详细回归结果可参见附录 N。

续表

模型		门槛变量 lnEGI	解释变量		F_stat	Adj_R²	Obs	备注
			lnESR	lnESU				
实际增长 ($\ln y_{GDP}$)	模型4 (单一门槛回归)	$\ln EGI \leq \xi$ ($\xi = 4.754$)		-0.031 (-1.151)	37.71	0.327	420	固定效应
		$\ln EGI > \xi$ ($\xi = 4.754$)		0.159^{***} (3.431)				
趋势增长 ($\ln y_{GDP}^{*}$)	模型5 (线性回归)		0.002 (1.615)	0.009 (0.774)	306.4	0.966	420	固定效应
	模型6 (单一门槛回归)	$\ln EGI \leq \xi$ ($\xi = 4.757$)	0.002^{***} (3.478)		1957	0.965	420	固定效应
		$\ln EGI > \xi$ ($\xi = 4.757$)	-0.001 (-0.530)					
	模型7 (双重门槛回归)	$\ln EGI \leq \xi_1$ ($\xi_1 = 3.990$)	0.000 (0.001)		1726	0.966	420	固定效应
		$\xi_1 < \ln EGI \leq \xi_2$	0.003^{***} (4.176)					
		$\ln EGI > \xi_2$ ($\xi_2 = 4.671$)	-0.0003 (-0.441)					
	模型8 (单一门槛回归)	$\ln EGI \leq \xi$ ($\xi = 4.600$)		-0.009^{***} (-2.951)	2019	0.967	420	固定效应
		$\ln EGI > \xi$ ($\xi = 4.600$)		0.029^{***} (5.794)				

注：本表计量结果由 Stata/SE 15.0 绘出，其中，＊、＊＊和＊＊＊分别表示在 10%、5% 和 1% 显著性水平拒绝原假设；括号内为对应估计值的 t 统计量。

第一，模型 1 和模型 5 表明，在不考虑门槛变量（EGI）的线性回归条件下，产业结构合理化对装备制造业实际增长和趋势增长均具有并不显著的抑制作用[①]，而产业结构高度化对装备制造业实际增长则具有显著的

——————————

① 根据 ESR 计算公式可知，ESR 数值越大，产业结构合理化水平越低，故 ESR 与产业增长正相关，则意味着产业结构合理化对产业增长具有抑制作用；反之，ESR 与产业增长负相关，则意味着产业结构合理化必然促进产业增长。

正向效应，但对其趋势增长的正向效应并不显著。这显然违背了产业增长与产业结构优化的关系理论，也与中国装备制造业发展的现实状况相悖。同时，这也从侧面反映出，装备制造业结构优化与其产业增长之间必然存在着非线性的作用关系。因此，为深入揭示产业结构优化对产业增长的真实影响作用，需要在门槛效应检验的基础之上，展开非线性回归分析，以进一步解释装备制造业结构合理化和高度化与其产业增长之间存在的门槛效应关系。

第二，模型 2 和模型 6 表明，在单一门槛条件下，当外部性成长指数低于门槛值时，产业结构合理化对装备制造业实际增长和趋势增长均具有较为显著（10% 显著水平）的抑制作用，这表明在这一阶段非均衡增长对中国装备制造业的发展影响较大，是其快速发展的重要驱动力量。当外部性成长指数跨越门槛值以后，产业结构合理化对装备制造业实际增长和趋势增长的作用方向发生逆转，即产业结构合理化对装备制造业增长呈现出促进效应，尽管这一作用并不具备统计显著性。这表明中国装备制造业的发展具有显著的阶段性特征，即在产业发展的起步阶段或低水平发展的积累阶段，一般要依靠非均衡增长理论促进优势或主导产业的发展（Hirschman，1958；Rostow，1960），而当产业发展到一定水平之后，非均衡增长的动力会逐渐减弱，此时产业（部门）间的协作效应开始显现，即均衡增长的作用开始成为促进产业发展的主导力量（Rosenstein - Rodan，1961；Nurkse，1966）。这一结论恰恰是非均衡增长理论、均衡增长理论和产业生命周期理论良好诠释的现实印证。

第三，模型 3 和模型 7 表明，在双重门槛条件下，当外部性成长指数（EGI）低于第二个门槛值时，产业结构合理化对装备制造业实际增长和趋势增长均具有非同步但却十分显著（1% 显著水平）的抑制作用，这再次从侧面印证了非均衡产业结构对中国装备制造业发展的重要驱动作用。当外部性成长指数跨越第二个门槛值以后，产业结构合理化对装备制造业实际增长和趋势增长的作用方向依然发生逆转。但值得注意的是，产业结构合理化能够显著（10% 显著水平）促进装备制造业的实际增长，而对其趋势增长的促进作用却并不明显。这一方面继续印证了中国装备制造业发展的阶段性特征，另一方面也表明，产业结构合理化对装备制造业发展的现实影响效应要强于趋势影响。

第四，模型4和模型8表明，在单一门槛条件下，当外部性成长指数低于门槛值时，产业结构高度化对装备制造业实际增长和趋势增长均具有负面效应，这表明在产业基础相对较弱的发展阶段，产业结构高度化的推进必然会占用大量有限的资本和人才等，进而对产业的规模化发展产生阻碍作用，这也暗示在这一阶段产业发展属于产业资本、人才和技术等的积累阶段，其重点应在于产业技术的推广而非创新。当外部性成长指数跨越门槛值以后，产业结构高度化对装备制造业实际增长和趋势增长的作用方向发生逆转，即产业结构高度化对装备制造业实际增长和趋势增长均呈现出十分显著（1%显著水平）的促进作用。这表明，在经历了规模化扩张和产业积累阶段之后，装备制造业具备了开展重大技术革新的资本、人才和技术优势，而且能够依靠产业技术创新逐渐构建起产业的核心竞争力，并开始占据装备制造业发展主导力量的地位，也就是说，中国装备制造业的发展已经开始由"数量规模型"向"质量效能型"转变。

7.4.3 对实证检验结果的进一步解释和说明

通过将外部性成长指数（EGI）作为门槛变量以考察装备制造业结构合理化和高度化对其实际增长和趋势增长影响的门槛效应，本章发现，首先，产业结构优化对装备制造业实际增长门槛效应的作用强度要显著大于趋势增长；但同时更为重要的是，产业结构优化对装备制造业实际增长和趋势增长影响作用的门槛效应回归结果在门槛数量、作用方向，甚至在显著水平上都保持了较高的一致性。这一方面是由于，MAR 外部性、Jacobs外部性和 Porter 外部以及产业结构合理化和高度化都是针对装备制造业面临的现实外部性和现实结构状况进行的刻画与度量，这就使得由此而产生的门槛效应与装备制造业的理想发展状况具有一定的距离性，最终表现为产业结构优化对装备制造业趋势增长的门槛效应相对较弱的现象。另一方面，无论是实际增长还是趋势增长都是对装备制造业发展状况的描述和刻画，而且在装备制造业的现实发展状况不断向理想发展状况收敛的情况之下，作为装备制造业发展的驱动力量，产业结构合理化和高度化对其实际增长和趋势增长的门槛效应具有较高一致性也就成为一种必然。同时，这也进一步揭示了中国装备制造业已经步入良性、健康和可持续的发展轨道。

其次，产业结构合理化对装备制造业实际增长和趋势增长的门槛效应较为复杂，呈现出单一门槛和双重门槛相互交织的特点，而产业结构高度化对装备制造业实际增长和趋势增长的门槛效应则较为稳定和简洁，始终呈现出单一门槛特征。同时，当外部性成长指数跨越门槛值以后，产业结构优化对装备制造业实际增长和趋势增长的贡献主要是借助产业结构高度化发挥作用的，相比较而言，产业结构合理化的贡献和作用则要小很多。究其原因，一方面，产业结构合理化强调产业结构的聚合质量，是装备制造业生产结构和投资结构耦合程度的反映，是两种不同指标的熵值度量，且生产结构与投资结构并不一定具有即时同步性，这就决定了产业结构合理化必然具有较为复杂的阶段性特征。因而，外部性成长指数对产业结构合理化的门槛区分作用也就必然会呈现出较为复杂的门槛类型。同时，产业结构合理化复杂的阶段性特征也必然会伴随有其作用发挥的强滞后性问题。于是，在外部性成长指数跨越门槛值以后，其促进作用的释放仍需要较长的磨合期，从而导致产业结构合理化对装备制造业实际增长和趋势增长的贡献相对较弱。另一方面，产业结构高度化强调产业结构的转换质量，是产业结构高端化质量的反映，是单一指标的比例度量，这就决定了产业结构高度化必然具有较为简洁的阶段性特征。因而，外部性成长指数对产业结构高度化的门槛区分作用也就必然会呈现出较为单一的门槛类型。同时，装备制造业特别是高端装备制造业其本质上属于技术密集型产业，也就是说，技术进步和创新是促进其实现可持续发展的根本动力源泉，而产业结构高度化的核心便在于技术进步和创新（唐晓华，2016）。因此，当外部性成长指数跨越门槛值以后，伴随着产业协作水平、经济体制完善程度和竞争环境状况等的不断提升和改善，必然会大大加快技术进步和创新的步伐，推动产业结构高度化的快速演进，进而必然会极大地推动装备制造业的实际增长和趋势增长，也就表现为产业结构高度化对装备制造业实际增长和趋势增长的贡献度相对较高。

最后，仍然值得注意的一点是，当产业结构高度化发展到一定程度之后，面对的新情况和新问题会更多更复杂，而那时，产业结构合理化的作用可能会逐步强化，甚至超越产业结构高度化对装备制造业增长的贡献。因此，综合来看，产业结构合理化与产业结构高度化之间所具有的前后相序、交替主导和螺旋促进的关系也在此得到了良好的体现。

7.5 稳健性讨论

前文通过以外部性成长指数为门槛变量，深入分析了产业结构优化与装备制造业增长之间的关系，并得出了一些重要结论。但为了进一步保障前述结论的准确性和可靠性，仍需要对前述实证结果进行稳健性检验。此处的稳健性检验包括两部分内容，即外部性成长指数（EGI）门槛效应稳健性检验（见表7-5）和中国装备制造业回归分析稳健性检验（见表7-6）。

表7-5 外部性成长指数（EGI）门槛效应稳健性检验

	解释变量	门槛类型	门槛值	F 值	LR 值	置信区间（95%）	临界值		
							1%	5%	10%
实际增长（$\ln y_{MI}$）	ESR	单一门槛	4.722	18.899 ***	19.895	[4.478, 5.398]	12.329	9.853	8.603
		双重门槛	4.754 5.397	7.029	7.644 12.678	[4.404, 4.826] [4.164, 5.726]	11.494	9.819	8.653
	ESU	单一门槛	4.754	8.999 ***	8.991	[4.221, 5.323]	7.850	6.626	5.254
		双重门槛	4.754 4.960	4.930 **	5.230 18.522	[4.619, 4.782] [3.990, 5.733]	7.163	4.330	3.168
趋势增长（$\ln y_{MI}^{*}$）	ESR	单一门槛	4.757	36.121 ***	36.119	[4.742, 4.825]	21.110	10.640	8.269
		双重门槛	3.990 4.748	14.204 **	14.890 35.446	[3.990, 5.733] [4.597, 4.780]	17.955	7.402	4.660
	ESU	单一门槛	4.757	43.950 ***	43.924	[4.655, 4.764]	27.075	17.309	13.362
		双重门槛	4.754 4.959	11.302	14.033 57.924	[4.655, 4.764] [4.266, 4.976]	40.261	18.473	13.206

注：* 、** 和 *** 分别表示在10%、5%和1%显著性水平拒绝原假设；LR 值为 LR 统计量的最大估计值。

对此，本章以 Malmquist 指数（即 MI 指数）作为装备制造业产值增长率的替代指标进行稳健性检验。表 7 - 5 和图 7 - 4 显示，就实际增长而言，产业结构合理化和高度化均具有显著的单一门槛效应（图 7 - 4a 和图 7 - 4d），但却并不具备双重门槛效应。尽管如此，在单一门槛条件下，图 7 - 4a 中 LR 检验却清晰地表明，产业结构合理化对装备制造业实际增长仍具有较为明显的双重门槛特征，尽管其双重门槛的 F 检验并不显著。此外，通过图 7 - 4b 和图 7 - 4c 也不难看出，其外部性成长指数的两个门槛值都十分明显。因此，本章认为产业结构合理化对装备制造业实际增长具有双重门槛效应也是合理的①。

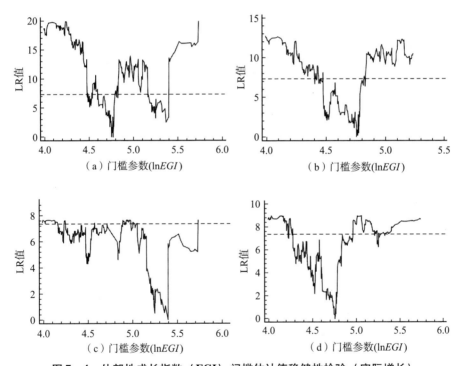

图 7 - 4 外部性成长指数（EGI）门槛估计值稳健性检验（实际增长）

---

① 特别强调的是，鉴于目前门槛检验的原则与标准尚未完全统一，此处实际上是在综合考虑 F 检验的显著性、LR 值及 LR 检验趋势图的基础之上，结合我国装备制造业发展现实状况进行门槛类型取舍的。

　　同时，表7-5和图7-5也表明，就趋势增长而言，产业结构合理化的单一门槛效应（图7-5a）和双重门槛效应（图7-5b和图7-5c）都较为显著，而产业结构高度化则仅具有单一门槛效应（图7-5d）。

　　于是，总体而言，与前文的检验结果相比，除了在显著性水平和数值大小上存在差异外，产业结构合理化和高度化对装备制造业实际增长和趋势增长均表现出较强的门槛效应，且其门槛个数也具有较高的一致性和稳健性。

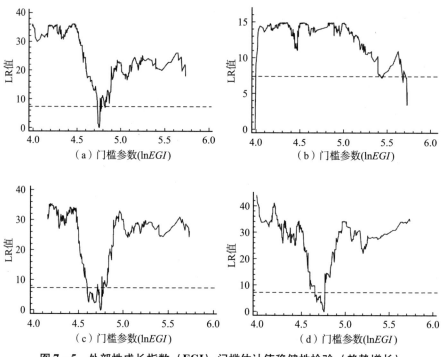

图7-5　外部性成长指数（EGI）门槛估计值稳健性检验（趋势增长）

　　在外部性成长指数（EGI）门槛效应稳健性检验的基础之上，本章延续前文的做法，依旧分别展开产业结构合理化和高度化对装备制造业实际增长和趋势增长影响的回归分析（见表7-6）。

表 7 - 6　　　　　　　中国装备制造业面板回归分析稳健性检验

模型		门槛变量 lnEGI	解释变量		F_stat	Adj_R²	Obs	备注
			lnESR	lnESU				
实际增长 (lny_{MI})	模型9 (线性回归)		0.004 (0.429)	-0.000 (-0.056)	37.84	0.374	420	固定效应
	模型10 (单一门槛回归)	lnEGI≤ξ (ξ=4.772)	0.015** (2.299)		41.52	0.350	420	固定效应
		lnEGI>ξ (ξ=4.772)	-0.002 (-0.231)					
	模型11 (双重门槛回归)	lnEGI≤ξ₁ (ξ₁=4.754)	0.018*** (2.684)		37.03	0.360	420	固定效应
		ξ₁<lnEGI<ξ₂	0.004 (0.485)					
		lnEGI>ξ₂ (ξ₂=5.397)	-0.015* (-1.658)					
	模型12 (单一门槛回归)	lnEGI≤ξ (ξ=4.754)		-0.043 (-1.474)	40.59	0.345	420	固定效应
		lnEGI>ξ (ξ=4.754)		0.140*** (2.758)				
趋势增长 (lny_{MI}^*)	模型13 (线性回归)		-0.0001 (-0.056)	0.015 (1.560)	393.9	0.981	420	固定效应
	模型14 (单一门槛回归)	lnEGI≤ξ (ξ=4.757)	0.001* (1.890)		3598	0.981	420	固定效应
		lnEGI>ξ (ξ=4.757)	-0.001 (-1.214)					
	模型15 (双重门槛回归)	lnEGI≤ξ₁ (ξ₁=3.990)	-0.001* (-1.747)		3182	0.982	420	固定效应
		ξ₁<lnEGI≤ξ₂	0.001* (1.915)					
		lnEGI>ξ₂ (ξ₂=4.748)	-0.001 (-1.610)					

续表

模型		门槛变量 ln*EGI*	解释变量		*F*_stat	*Adj*_R²	*Obs*	备注
			ln*ESR*	ln*ESU*				
趋势增长 (lny_{MI}^*)	模型 16 (单一门槛回归)	ln*EGI* ≤ ξ (ξ = 4.757)		0.003 (1.319)	3616	0.981	420	固定 效应
		ln*EGI* > ξ (ξ = 4.757)		0.029 *** (7.986)				

注：* 、** 和 *** 分别表示在 10% 、5% 和 1% 显著性水平拒绝原假设；括号内为对应估计值的 t 统计量。

将表 7-6 与表 7-4 进行对照分析后，不难发现，在产业结构合理化和高度化对装备制造业实际增长的门槛回归模型（模型 10 和模型 2，模型 11 和模型 3，模型 12 和模型 4）与产业结构合理化对其趋势增长的单一门槛回归模型（模型 14 和模型 6）中，各变量的回归系数除了在显著性水平和数值大小上有所差异外，其在符号方向上保持了完全一致。此外，虽然产业结构合理化和高度化对装备制造业趋势增长的门槛模型（模型 15 和模型 7，模型 16 和模型 8）中，在外部性成长指数跨越门槛值前，其作用方向和显著性程度不同，但当跨越门槛值以后，产业结构合理化和高度化对装备制造业趋势增长的影响在作用方向、显著性水平（1%）甚至在数值大小上都保持了高度一致性，因而，这并不会对前文的实证分析与相关结论产生干扰。

因此，综合外部性成长指数（EGI）门槛效应稳健性检验和中国装备制造业回归分析稳健性检验的结论，可以断言，前文有关产业结构合理化和高度化与装备制造业实际增长和趋势增长关系的相关检验具有较强的稳健性，得出的相关结论和推断也是可靠和可信的。

7.6 本章小结

产业结构优化一直被视为产业发展的重要驱动力量，但产业结构合理化和高度化却也始终受到诸多外部性因素的干扰。因此，本章将 MAR 外部性、Jacobs 外部性和 Porter 外部性等作为约束因素引入产业结构优化与产业增长关系的研究，并尝试探讨了外部性约束作用的内部机理。在此基础之上，再通过构建外部性成长指数（EGI）以综合考察 MAR 外部性、Jacobs 外部性和 Porter 外部性等的整体作用强度，进而将其作为门槛变量实证检验了不同外部性强度下产业结构优化与中国装备制造业实际增长和趋势增长的关系。

通过对上述问题的深入分析和探讨，本章认为产业结构合理化和高度化对装备制造业实际增长和趋势增长均具有显著的门槛效应。具体而言，当外部性强度较低时，产业结构合理化和高度化均对装备制造业实际增长和趋势增长呈现出抑制作用，即在这一阶段，非均衡的产业结构是装备制造业发展的主要驱动力量，而此时的产业结构高度化则阻碍了装备制造业的发展；当外部性强度跨越门槛值之后，产业结构合理化和高度化对装备制造业实际增长和趋势增长的作用方向均发生了逆转，开始呈现出显著的促进作用，即在这一阶段日趋合理的产业结构和不断提升的高度化水平形成合力，共同推动装备制造业的发展进程。同时，进一步的分析推断还发现，产业结构合理化和高度化对装备制造业实际增长和趋势增长的门槛效应具有显著异质性，即产业结构合理化对装备制造业实际增长和趋势增长的门槛效应较为复杂，呈现出单一门槛和双重门槛相互交织的特点，而产业结构高度化对装备制造业实际增长和趋势增长的门槛效应则较为简洁和稳定，始终表现为单一门槛特征。此外，当外部性成长指数跨越门槛值以后，产业结构高度化对装备制造业实际增长和趋势增长的贡献要显著大于产业结构合理化的贡献。

因此，从外部性约束机理与产业结构优化门槛效应的角度综合考虑，本章最终形成了两个较强的政策性建议，即在今后一个较长时期内，一方面，政府在深化供给侧结构性改革的过程中，要由"政策优惠竞争"向"服务优化竞争"转变，既要加强交通、通信、能源和人才培养与引进等基础设施和服务建设，又要加强对产业协作的引导和自由开放的市场竞争氛围的营造，使 MAR 外部性、Jacobs 外部性和 Porter 外部性不断增强，进一步降低外部性强度不足而对装备制造业发展产生的约束和干扰作用；另一方面，政府相关部门在制定有关装备制造业发展与改革的政策或措施的过程之中，应转变思路和理念，以推进产业结构高度化为重点，但同时也要兼顾装备制造业结构合理化水平的改善。这样既可以通过产业结构转换和升级为装备制造业发展注入新的活力，又可以通过改善产业结构合理化水平消除装备制造业发展的非均衡性掣肘问题，进而实现装备制造业发展的"质量变革、效率变革和动力变革"。

第8章
主要结论、建议及研究展望

8.1　主要研究结论

本书通过构建 EGS 分析框架，从外部性的视角全面系统地探讨了中国装备制造业迈向高质量发展的系列问题，并在 EGS 分析框架的指导下，利用中国装备制造业省级面板数据就外部性对产业增长的作用、外部性对产业结构优化的作用以及外部性对产业增长与产业结构优化的关系的影响等展开了多维度的实证检验。基于上述理论与实证分析，本书做出的贡献和得出的主要结论简述如下：

（1）通过深入挖掘外部性与产业发展的核心内涵与实质，明确了分工作为二者共同理论根基的合理性。具体而言，一方面，分工理论被视为外部性的根本来源。MAR 外部性来源于产业内的专业性分工，Jacobs 外部性来源于不同产业的多样性分工，而 Porter 外部性则来源于产业的竞争性分工。另一方面，产业发展的本质在于分工，正是由于分工的不断广化和深化才导致了产业结构的分立与有序变迁。因此，分工理论为外部性与产业发展之间关系的构建提供了坚实的理论基础，进而将外部性引入产业发展的分析也便是顺理成章的。

（2）构建 EGS 分析框架为系统深入地探讨外部性作用下中国装备制造业的高质量发展问题提供了便利。本书将外部性区分为 MAR 外部性、Jacobs 外部性和 Porter 外部性，将产业增长和产业结构优化视为产业发展两个核心方面，进而在此基础之上构建了基于外部性（E）、产业增长（G）以及

· 143 ·

产业结构优化（S）的 EGS 分析框架，并且详细阐释了其内在作用机理，进而将其梳理成"外部性—经济效应—产业发展"的机理链条。具体而言，MAR 外部性源于产业专业化，具有"地方化"经济效应，且主要通过共享机制、垂直专业性货币关联机制、专业性知识溢出机制和专业性集聚效应机制作用于产业发展；Jacobs 外部性源于产业多样化，具有"城市化"经济效应，且主要通过共享机制、水平互补性货币关联机制、互补性技术溢出机制和协作性集聚效应机制等作用于产业发展；Porter 外部性源于产业竞争化，具有"竞争化"经济效应，且主要通过共享机制、竞争性知识溢出机制和竞争性集聚效应机制等作用于产业发展。

（3）系统阐释了外部性和中国装备制造业的发展现状和演进趋势。具体而言，首先，中低程度的产业专业化是中国装备制造业 MAR 外部性的主体，且大部分地区装备制造业的 MAR 外部性在不断减弱；较高程度的产业多样化是中国装备制造业 Jacobs 外部性的主体，且装备制造业中高程度多样化的地区较为集中；中高程度的产业竞争化是中国装备制造业 Porter 外部性的主体，且呈现出不断强化的趋势。其次，整体上中国装备制造业增长状况呈现出增速减缓的趋势，这恰恰也与中国经济步入新常态的发展状况十分契合。最后，21 世纪以来，中国装备制造业结构合理化水平不断提高，且呈现出阶段性向高度合理化水平收敛的态势；相反，中国装备制造业结构高度化水平却相对较低，且其演进方向和趋势也较为复杂，具有不稳定性的特点。总之，外部性与中国装备制造业发展的现状与演进趋势清晰地反映出，中国装备制造业发展的"不平衡"问题在逐渐缓解，而"不充分"问题则较为突出的现实。

（4）从机理和实证层面分析了外部性对中国装备制造业产业增长的作用。具体而言，MAR 外部性对装备制造业实际增长率具有不显著的负面约束效应，而对其趋势增长率则具有正向驱动效应，但当增长测度指标为 Malmquist 指数时，其对趋势增长的正向驱动效应并不显著。与此同时，Jacobs 外部性和 Porter 外部性对装备制造业实际增长率和趋势增长率都具有显著的正向效应，且当增长测度指标为 Malmquist 指数时，其正向驱动效应依然十分稳健。

（5）重点考查了外部性对中国装备制造业结构优化的影响作用。总体上，本书发现外部性对中国装备制造业结构优化的影响作用主要体现在结构合理化方面，且较为稳健，而对结构高度化的作用则存在显著的异质性。具体来看，一方面，短期内 MAR 外部性、Jacobs 外部性和 Porter 外部性对中国装备制造业结构合理化水平的提升均具有十分显著的正向驱动效应，且 MAR 外部性和 Jacobs 外部性的作用强度要明显高于 Porter 外部性；但长期看，仅仅 MAR 外部性的正向效应能够得到延续。另一方面，MAR 外部性、Jacobs 外部性和 Porter 外部性对装备制造业结构高度化的作用则较为复杂，且呈现出显著的阶段性特征，即短期内 MAR 外部性和 Porter 外部性对装备制造业结构高度化具有显著约束作用，而 Jacobs 外部性则具有显著驱动作用；但长期看，Jacobs 外部性对结构高度化的驱动作用会逐渐减弱，并转变为显著约束高度化水平的提升，而 Porter 外部性对结构高度化的约束作用也会逐渐下降，并会逐步呈现出对结构高度化的正向驱动效应。

（6）深入探讨了装备制造业外部性作用下产业增长与结构优化的作用关系机理，并通过构建外部性成长指数（EGI），实证检验这一作用机理关系之下的门槛效应问题。就作用机理而言，外部性对产业结构合理化的约束作用主要是通过约束要素资源重置效率进而影响产业结构聚合质量而实现的，而外部性对产业结构高度化的约束作用则主要是通过约束技术进步效率进而影响产业结构转换质量而实现的。就实证分析而言，当外部性强度较低时，产业结构合理化和高度化均对装备制造业实际增长和趋势增长呈现出约束作用，即在这一阶段非均衡的产业结构是装备制造业发展的主要驱动力量，而此时的产业结构高度化则阻碍了装备制造业的发展；当外部性强度跨越门槛值之后，产业结构合理化和高度化对装备制造业实际增长和趋势增长的作用方向均发生了逆转，开始呈现出显著的促进作用，即在这一阶段日趋合理的产业结构和不断提升的高度化水平形成合力，共同推动着装备制造业的发展进程。同时，进一步的分析推断还发现，产业结构合理化和高度化对装备制造业实际增长和趋势增长的门槛效应具有显著异质性，即产业结构合理化对装备制造业实际增长和趋势增长的门槛效应较为复杂，呈现出单一门槛和双重门槛相互交织的特点，而产业结构高度化对装备制造业实际增长和趋势增长的门槛效应则较为简洁和稳定，始终表现为单一门槛特征。此外，当外部性成长指数跨越门槛值以后，产业结构高度化对装备制造业实际增长和趋势增长的贡献要显著大于产业结构合理化的贡献。

8.2　政策启示与建议

（1）从现实角度来看，各地区装备制造业的发展在很大程度上都会受到政府产业发展政策导向的影响。特别是，在经济"新常态"的大背景之下，中国经济正处在"转变发展方式、优化产业结构、转换增长动力"的攻关期，传统的地区产业发展方式受到了极大冲击。因此，就本书的主要结论而言，地方政府在制定地区产业发展政策时，应该从主要关注地区历史条件、地理区位、要素投入以及政策利好等对产业发展的贡献向更加重视优化地区营商环境方向转变，即要积极探索通过营造良好的产业基础设施和制度环境，充分发挥共享机制、货币关联机制、知识溢出机制和集聚效应机制的作用，促进产业增长和产业结构优化，实现产业发展的量与质的协同提升，最终实现地区产业发展方式的高质量转变。

（2）政府在制定有关装备制造业发展的产业政策时，应该重点强调Jacobs 外部性和 Porter 外部性的作用，不断加强和完善市场竞争机制和产业配套服务建设，在此基础之上再关注 MAR 外部性的作用。这样既可以通过竞争环境的营造和产业协同促进装备制造业的发展，又可以有效避免或降低 MAR 外部性对产业实际增长产生的抑制效应，进而形成促进地区装备制造业增长的长效机制。

（3）中国供给侧结构性改革正在逐步深化，着力构建"市场机制有效、微观主体有活力、宏观调控有度"的现代化经济体系已经成为共识。为此，根据本书的理论分析和实证结论，并具体到装备制造业的改革，特提出以下几点政策建议：第一，地方政府要加强政策引导，积极融入国内国外大市场，摒弃保守的地方保护主义观念，抑制机会主义倾向，继续深化国有装备制造业企业改革，打破行业垄断，破除非公有制企业进入壁垒，积极吸引民营企业和外资企业入驻，进而以新企业的替代进入促进产业创新演变。第二，要主动从"政策优惠竞争"理念向"服务优化竞争"理念转变，着力构建统一开放、公平竞争、创新活跃的市场体系，营造开放自由的产业发展环境和浓厚的市场竞争氛围。第三，要不断加强产业配套服务建设，积极引导装备制造业企业加强关联产业（部门）的耦合衔接，促进产业链的不断完善，进而实现装备制造业各产业（部门）的协同高效发展。

（4）外部性对中国装备制造业结构合理化与高度化的异质性影响作用具有深厚理论依据和现实基础。据此并结合党的十九大报告中强调的"深化供给侧结构性改革"和"建设现代化经济体系"的要求，本书特提出以下两点政策建议：第一，政府部门不仅要关注装备制造业发展的历史条件、地理区位、要素投入和政策利好等因素，更应关注外部性因素（即MAR 外部性、Jacobs 外部性和 Porter 外部性等）对装备制造业结构优化产生的贡献。这样既能减少政府对经济活动的过度干预，不断向服务型政府转型，又能充分发挥市场在供给侧结构性改革中的主导作用，推动中国装备制造业发展的"质量变革、效率变革和动力变革"。第二，中国装备制造业发展"不平衡"和"不充分"问题应当被放在更为重要的位置之上，大力推进供给侧结构性改革，不断优化装备制造业结构，推动其合理化与高度化水平的持续提升。具体而言，一方面，政府和企业要重视 MAR 外部性、Jacobs 外部性和 Porter 外部性对产业结构合理化的正向效应，促进装备制造业各产业部门之间的均衡协调发展，加强各产业部门间的配套化服务建设，着力于良好的地区产业发展环境的营造，最终促进装备制造业结构合理化水平的持续提升；另一方面，地方政府也要重点关注知识和技术的创新与积累，促进关联性和互补性产业部门的交流与合作，引导和扶植企业开展高风险的技术研发活动，推进公平自由的产业竞争环境的营造，进而克服 MAR 外部性和 Jacobs 外部性短期内对结构高度化产生的负面效应，最终构建起中国装备制造业结构高度化的长效机制。

（5）从外部性约束机理与产业结构优化门槛效应的角度综合考虑，可以最终形成两个较强的政策性建议，即在当前和今后一个较长时期内，一方面，政府在深化供给侧结构性改革的过程中，要由"政策优惠竞争"向"服务优化竞争"转变，既要加强交通、通信、能源和人才培养与引进等基础设施和服务建设，又要加强对产业协作的引导和自由开放的市场竞争氛围的营造，使 MAR 外部性、Jacobs 外部性和 Porter 外部性不断增强，进一步降低外部性强度不足而对装备制造业发展产生的约束和干扰作用；另一方面，政府在制定装备制造业发展与改革政策时，应重点推进产业结构高度化，但同时也要积极改善产业结构合理化水平。这样既可以通过产业结构转换和升级为装备制造业发展注入新的活力，又可以通过改善产业结构合理化水平消除装备制造业发展"不平衡"产生的掣肘问题，实现装备制造业发展的"质量变革、效率变革和动力变革"。

8.3 进一步研究展望

限于本书对外部性、产业增长和产业结构关系等的研究广度颇为有限，且 EGS 分析框架也尚在不断完善之中，其研究深度也仍显不足。因此，随着对相关文献的不断搜集、整理和深入思考，本书至少应当在以下几个方面进行进一步的研究和拓展。

第一，本书将外部性引入中国装备制造业发展的分析，并据此构建了 EGS 分析框架以综合考查外部性在产业发展中的驱动和约束作用，但目前 EGS 分析框架的理论基础仍需进一步夯实，目前更多地是侧重作为一个"分析框架"进行理论与实证分析的安排与统筹。因此，进一步完善 EGS 分析框架的理论根基，深度挖掘和构建 EGS 分析框架的内涵，实现由"分析框架"向"理论框架"的过渡就成为本书后续研究的一大重点。

第二，本书尝试通过构建外部性成长指数（EGI）以综合考查外部性对装备制造业产业增长与产业结构优化关系的影响作用，这一方面可以提高研究的效率，增强研究结论的宏观指导性，但另一方面也在一定程度上忽视了研究对象的个体特征，降低了研究的针对性。因此，本书后续可以进一步分别以 MAR 外部性、Jacobs 外部性和 Porter 外部性为门槛变量，从次一层级展开外部性对装备制造业产业增长与结构优化关系的门槛效应研究。

第三，产业结构合理化与高度化的演进具有非同步性，可以进一步概括为"前后相序、交替主导、螺旋促进"的关系。但在本书的整体框架之内对二者的相互作用关系的探讨颇显不足，而产业结构合理化与高度化的关系却与当前的供给侧结构性改革密切相关，是实现产业发展动能实质性转换的重要内容。因此，产业结构合理化与高度化的相互作用关系可以被视为深化供给侧结构性改革的一个新方向和新思路，具有较高的研究价值，这将是本书后续研究的重点方向。

第四，随着我国经济改革的持续深化和国民经济的高质量发展，特别是现代经济体系建设的深入，新时代下的产业政策也必然面临着诸多新情况、新问题，使得产业政策参与我国宏观经济调控的理论和实践面也面临着种种挑战。因此，进一步深入考查外部性对装备制造业产业政策制定和实施效果的影响也必然是一个重要的研究领域。

附　　录

附录 A

表1　　　　　　　　　　　　中国装备制造业分类目录

一、金属制品业	1. 结构性金属制品制造 2. 金属工具制造 3. 集装箱及金属包装容器制造 4. 安全用金属制品制造	四、交通运输设备制造业	1. 铁路运输设备制造 2. 汽车制造 3. 摩托车制造 4. 船舶及浮动装置制造 5. 航空航天器制造 6. 交通器材及其他交通运输设备制造
二、通用设备制造业	1. 锅炉及原动机制造 2. 金属加工机械制造 3. 起重运输设备制造 4. 泵、阀门、压缩机及类似机械的制造 5. 轴承、齿轮、传动和驱动部件的制造 6. 烘炉、熔炉及电炉制造 7. 风机、衡器、包装设备等通用设备制造 8. 通用零部件制造 9. 金属铸锻加工	五、电气机械及器材制造业	1. 电机制造 2. 输配电及控制设备制造 3. 电线、电缆、光缆及电工器材制造 4. 电池制造 5. 照明器具制造 6. 其他电气机械及器材制造
三、专用设备制造业	1. 矿山、冶金、建筑专用设备制造 2. 化工、木材、非金属加工专用设备制造 3. 食品、饮料、烟草及饲料生产专用设备制造 4. 印刷、制药、日化生产专用设备制造 5. 纺织、服装和皮革工业专用设备制造 6. 电子和电工机械专用设备制造 7. 农、林、牧、渔专用机械制造 8. 医疗仪器设备及器械制造 9. 环保、社会公共安全及其他专用设备制造	六、通信设备、计算机及其他电子设备制造业	1. 通信设备制造 2. 雷达及配套设备制造 3. 广播电视设备制造 4. 电子计算机制造 5. 电子器件制造 6. 电子元件制造 7. 其他电子设备制造
		七、仪器仪表及文化、办公机械制造业	1. 通用仪器仪表制造 2. 专用仪器仪表制造 3. 光学仪器制造 4. 文化、办公用机械制造 5. 其他仪器仪表的制造

资料来源：作者根据《国民经济行业分类》（GB/T 4754—2002 和 GB/T 4754—2011）整理。

附录 B

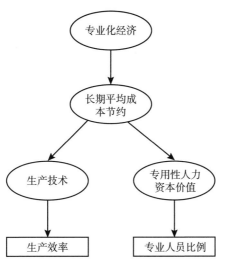

图1　专业化与长期成本逻辑框架模型①

附录 C

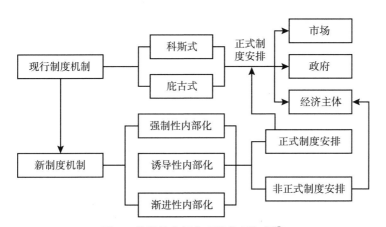

图2　外部性内部化理论作用机制②

---

① 资料来源：刘冰. 煤电纵向交易关系：决定因素与选择逻辑［J］. 中国工业经济，2010
（04）：58－68.

② 资料来源：石声萍. 经济外部性研究：机理及案例［M］. 北京：中国农业出版社，2013：
176－179.

附录 D

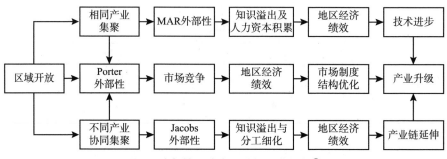

图 3　外部性驱动产业升级机理链条①

附录 E

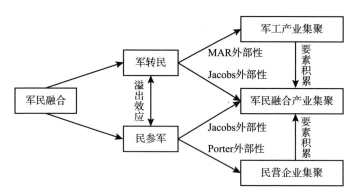

图 4　军民融合的产业外部性效应②

---

　　① 资料来源：王春晖，赵伟. 集聚外部性与地区产业升级：一个区域开放视角的理论模型 [J]. 国际贸易问题，2014（04）：67 - 77.

　　② 资料来源：湛泳，赵纯凯. 军民融合推动产业结构优化升级的路径与机制——基于产业外部性视角 [J]. 北京理工大学学报（社会科学版），2017（1）：116 - 123.

附录 F

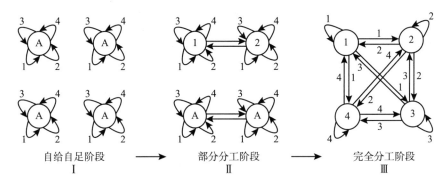

自给自足阶段　　　　　　　部分分工阶段　　　　　　　完全分工阶段
　　Ⅰ　　　　　　　　　　　　Ⅱ　　　　　　　　　　　　Ⅲ

图 5　分工与产业结构的形成示意图①

① 资料来源：郑若谷. 国际外包承接与中国产业结构升级［M］. 上海：上海人民出版社，2016：32 - 33.

附录 G

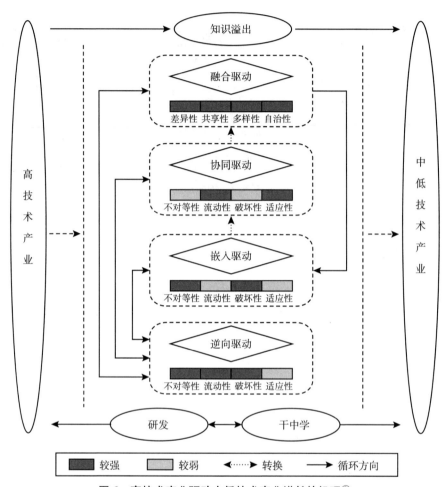

图6　高技术产业驱动中低技术产业增长的机理①

---

　　①　资料来源：王伟光，马胜利，姜博．高技术产业创新驱动中低技术产业增长的影响因素研究［J］．中国工业经济，2015（3）：70－82.

附录 H

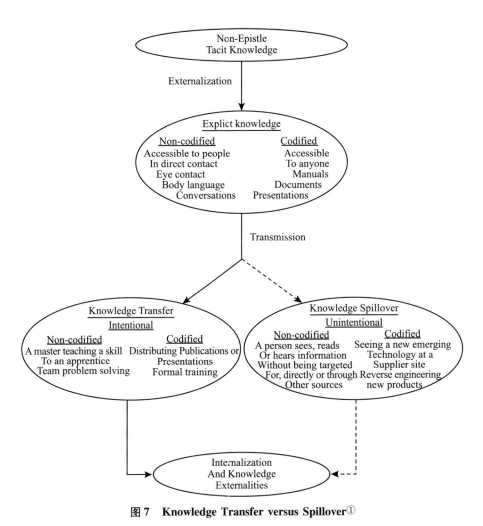

图7　**Knowledge Transfer versus Spillover**①

---

①　资料来源：Fallah M. H. , Ibrahim S. Knowledge spillover and innovation in technological clusters [C]. 2004.

附录 I

核密度估计（KDE）中最优带宽（h^*）的推导过程

证明：由于

$$IMSE = \int_{-\infty}^{+\infty} MSE[\hat{f}(x_0)]\, \mathrm{d}x_0$$

$$= \int_{-\infty}^{+\infty} \{[Bias(x_0)]^2 + Var[\hat{f}(x_0)]\}\, \mathrm{d}x_0 \tag{1}$$

而

$$Bias(x_0) = \frac{1}{2}h^2 f''(x_0) \int_{-\infty}^{+\infty} z^2 K(z)\, \mathrm{d}z \tag{2}$$

$$Var[\hat{f}(x_0)] \approx \frac{1}{nh}f(x_0) \int_{-\infty}^{+\infty} K(z)^2\, \mathrm{d}z \tag{3}$$

故将式（2）和式（3）代入式（1）得

$$IMSE = \int_{-\infty}^{+\infty}\left(\left[\frac{1}{2}h^2 f''(x_0)\int_{-\infty}^{+\infty} z^2 K(z)\,\mathrm{d}z\right]^2\right)\mathrm{d}x_0 + \int_{-\infty}^{+\infty}\left[\frac{1}{nh}f(x_0)\int_{-\infty}^{+\infty} K(z)^2\,\mathrm{d}z\right]\mathrm{d}x_0$$

$$= \frac{1}{4}h^4 \int_{-\infty}^{+\infty}\left([f''(x_0)]^2\left[\int_{-\infty}^{+\infty} z^2 K(z)\,\mathrm{d}z\right]^2\right)\mathrm{d}x_0 + \frac{1}{nh}\int_{-\infty}^{+\infty}\left[f(x_0)\int_{-\infty}^{+\infty} K(z)^2\,\mathrm{d}z\right]\mathrm{d}x_0$$

$$= \frac{1}{4}h^4\left[\int_{-\infty}^{+\infty} z^2 K(z)\,\mathrm{d}z\right]^2\int_{-\infty}^{+\infty}[f''(x_0)]^2\,\mathrm{d}x_0 + \frac{1}{nh}\left[\int_{-\infty}^{+\infty} K(z)^2\,\mathrm{d}z\right]\underbrace{\left[\int_{-\infty}^{+\infty} f(x_0)\,\mathrm{d}x_0\right]}_{=1}$$

$$= \frac{1}{4}h^4\left[\int_{-\infty}^{+\infty} z^2 K(z)\,\mathrm{d}z\right]^2\int_{-\infty}^{+\infty}[f''(x_0)]^2\,\mathrm{d}x_0 + \frac{1}{nh}\int_{-\infty}^{+\infty} K(z)^2\,\mathrm{d}z \tag{4}$$

将式（4）对 h 求导，可得

$$\frac{\partial IMSE}{\partial h} = h^3\left[\int_{-\infty}^{+\infty} z^2 K(z)\,\mathrm{d}z\right]^2\int_{-\infty}^{+\infty}[f''(x_0)]^2\,\mathrm{d}x_0 + \frac{1}{n}\int_{-\infty}^{+\infty} K(z)^2\,\mathrm{d}z\left(-\frac{1}{h^2}\right) \tag{5}$$

令 $\dfrac{\partial IMSE}{\partial h} = 0$，整理后可得最优带宽，即

$$h^* = \delta\left[\int_{-\infty}^{+\infty} f''(x)^2\,\mathrm{d}x\right]^{-\frac{1}{5}} n^{-\frac{1}{5}} \tag{6}$$

附录 J

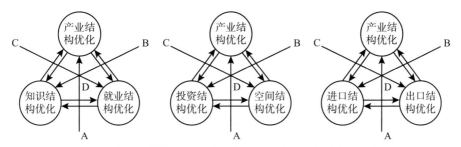

图 8　产业结构优化与其他关联结构变动之间的动态关系①

附录 K

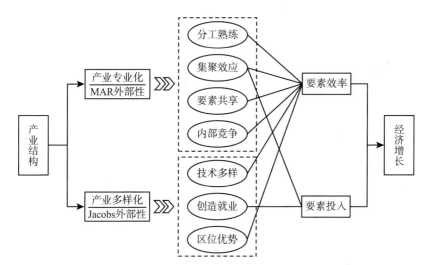

图 9　产业结构专业化、多样化对经济增长影响机理②

---

①　资料来源：根据高洪深（2014）的"产业间的关联性、产业结构与其他结构间的动态关系"一图改编。此外，需要声明：上述每组循环关系中，三种结构是相互关联、相互影响的，而且只有立足于 A、B、C 交叉的 D 点上，才能综览平面上各种结构间的平衡及其变动，进而揭示各种结构变动的内在联系，最终把握产业结构优化的演进特征（具体解读可参见：高洪深. 区域经济学（第四版）[M]. 北京：中国人民大学出版社，2014；175 – 176.）。

②　资料来源：刘沛罡，王海军. 高技术产业内部结构多样化、专业化与经济增长动力——基于省域高技术产业制造业、高技术产业服务业面板数据的实证分析 [J]. 产业经济研究，2016（6）：46 – 56.

附录 L

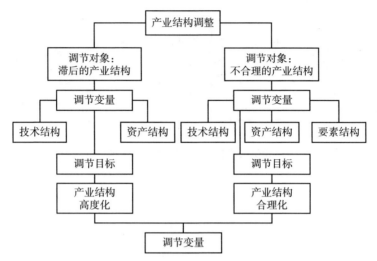

图 10　产业结构调节模型①

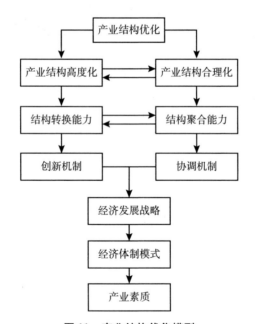

图 11　产业结构优化模型

---

　　①　资料来源（图 10 和图 11）：周振华．产业结构优化论［M］．上海：上海人民出版社，2014：21 – 25.

附录 M

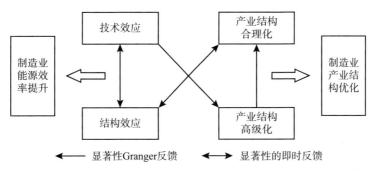

图 12　基于 Geweke 因果分解的能源强度和产业结构优化内部关系①

---

　　①　资料来源：唐晓华，刘相锋. 能源强度与中国制造业产业结构优化实证［J］. 中国人口·资源与环境，2016（10）：78 – 85.

附录 N

表 2

中国装备制造业面板回归分析

变量	线性回归（实际） （模型 1）	非线性回归（实际） 单一门槛（模型 2） $\xi=4.735$	非线性回归（实际） 双重门槛（模型 3） $\xi_1=4.521;\ \xi_2=5.397$	非线性回归（实际） 单一门槛（模型 4） $\xi=4.754$	线性回归（趋势） （模型 5）	非线性回归（趋势） 单一门槛（模型 6） $\xi=4.757$	非线性回归（趋势） 双重门槛（模型 7） $\xi_1=3.990;\ \xi_2=4.671$	非线性回归（趋势） 单一门槛（模型 8） $\xi=4.600$
Con	0.102*** (2.773)	0.128*** (5.247)	0.138*** (5.746)	0.126*** (5.103)	-0.05 (-0.80)	-0.005 (-1.433)	-0.005 (-1.44)	-0.007** (-2.22)
lnESR ($\ln EGI \leq \xi$ / $\leq \xi_1$)	0.006 (0.705)	0.015** (2.428)	0.019*** (3.174)		0.002 (1.615)	0.002*** (3.480)	0.000 (0.001)	
lnESR ($\xi_1 < \ln EGI \leq \xi_2$)			0.006 (1.029)				0.003*** (4.176)	
lnESR ($\ln EGI > \xi$ / $> \xi_2$)		-0.002 (-0.24)	-0.015* (-1.781)			-0.0004 (-0.530)	-0.0003 (-0.44)	
lnESU ($\ln EGI \leq \xi$)				-0.031 (-1.151)				-0.009*** (-2.95)
lnESU ($\ln EGI > \xi$)				0.159*** (3.431)				0.029*** (5.794)
lnESU	0.122** (2.064)	0.029 (1.081)	0.027 (1.021)	0.006 (1.063)	0.009 (0.774)	0.003 (0.850)	0.006* (1.914)	0.001 (0.956)
$L.\ln y_{t-1}$	0.131*** (3.610)	0.149*** (3.260)	0.143*** (3.149)	0.153*** 3.337	1.023*** (31.25)	1.015*** (94.038)	1.010*** (93.66)	1.016*** (96.21)
lnk	0.144** (2.539)	0.147*** (3.869)	0.153*** (4.053)	0.142*** (3.708)	-0.001 (-0.21)	-0.003 (-0.594)	-0.002 (-0.37)	-0.003 (-0.72)

续表

	线性回归（实际）（模型1）	非线性回归（实际）			线性回归（趋势）（模型5）	非线性回归（趋势）		
		单一门槛（模型2）$\xi=4.735$	双重门槛（模型3）$\xi_1=4.521;\ \xi_2=5.397$	单一门槛（模型4）$\xi=4.754$		单一门槛（模型6）$\xi=4.757$	双重门槛（模型7）$\xi_1=3.990;\ \xi_2=4.671$	单一门槛（模型8）$\xi=4.600$
lnI	0.454*** (5.403)	0.446*** (7.286)	0.469*** (7.715)	0.452*** (7.366)	-0.005 (-0.81)	-0.002 (-0.295)	-0.005 (-0.37)	-0.003 (-0.44)
F_stat	43.75	38.14	34.68	37.71	306.4	1956.7	1725.9	2018.9
Adj_R²	0.324	0.329	0.343	0.327	0.966	0.965	0.966	0.967
Obs	420	420	420	420	420	420	420	420
备注	FE	FE	FE	FE	FE	FE	FE	FE

注：本表计量结果由 Stata/SE 15.0 给出，其中 *、** 和 *** 分别表示在 10%、5% 和 1% 显著性水平拒绝原假设；括号内为对应估计值的 t 统计量。

表3

中国装备制造业面板回归分析稳健性检验

变量	线性回归（实际）模型9	非线性回归（实际）单一门槛 模型10 ξ=4.772	非线性回归（实际）双重门槛 模型11 ξ₁=4.754；ξ₂=5.397	单一门槛 模型12 ξ=4.754	线性回归（趋势）模型13	非线性回归（趋势）单一门槛 模型14 ξ=4.757	非线性回归（趋势）双重门槛 模型15 ξ₁=3.990；ξ₂=4.748	单一门槛 模型16 ξ=4.757
Con	0.115*** (2.797)	0.153*** (6.127)	0.160*** (6.482)	0.154*** (6.139)	−0.006 (−1.03)	0.006*** (2.978)	0.006*** (3.202)	−0.004* (−1.83)
lnESR / lnESR(lnEGI≤ξ)	0.004 (0.429)	lnESR(lnEGI≤ξ) 0.015** (2.299)	lnESR(lnEGI≤ξ₁) 0.018*** (2.684)	lnESU(lnEGI≤ξ) −0.043 (−1.474)	lnESR −0.0001 (−0.06)	lnESR(lnEGI≤ξ) 0.001* (1.890)	lnESR(lnEGI≤ξ₁) −0.001* (−1.75)	lnESU(lnEGI≤ξ) 0.003 (1.319)
(ξ₁<lnEGI≤ξ₂)			lnESR(ξ₁<lnEGI≤ξ₂) 0.004 (0.485)				lnESR(ξ₁<lnEGI≤ξ₂) 0.001* (1.915)	
(lnEGI>ξ)		lnESR(lnEGI>ξ) −0.002 (−0.23)	lnESR(lnEGI>ξ₂) −0.015* (−1.658)	lnESU(lnEGI>ξ) 0.140*** (2.758)		lnESR(lnEGI>ξ) −0.001 (−1.214)	lnESR(lnEGI>ξ₂) −0.001 (−1.61)	lnESU(lnEGI>ξ) 0.029*** (7.986)
lnESU	0.114 (1.958)	0.019 (0.645)	0.016 (0.562)	0.008 (1.186)	1.560 (−0.01)	0.003*** (7.100)	0.004*** (8.012)	0.0001 (0.195)
L.lnyₜ₋₁	0.029 (0.581)	0.037 (0.951)	0.024 (0.632)	0.043 (1.103)	0.918*** (38.25)	0.921*** (136.07)	0.922*** (138.5)	0.916*** (139.7)
lnk	−0.595*** (−8.56)	−0.585*** (−14.1)	−0.582*** (−14.077)	−0.592*** (−14.160)	−0.005 (−1.58)	−0.006* (−1.930)	−0.006** (−2.01)	−0.006** (−2.09)
lnl	0.228** (2.480)	0.237*** (3.787)	0.247*** (3.973)	0.237*** (3.767)	−0.009* (−2.00)	−0.007 (−1.640)	−0.007* (−1.71)	−0.008* (−1.73)

续表

	线性回归（实际）		非线性回归（实际）						线性回归（趋势）		非线性回归（趋势）					
	（模型9）		单一门槛 （模型10） $\xi=4.772$		双重门槛 （模型11） $\xi_1=4.754$; $\xi_2=5.397$		单一门槛 （模型12） $\xi=4.754$		（模型13）		单一门槛 （模型14） $\xi=4.757$		双重门槛 （模型15） $\xi_1=3.990$; $\xi_2=4.748$		单一门槛 （模型16） $\xi=4.757$	
F_stat	37.84	F_stat	41.52	F_stat	37.03	F_stat	40.59	F_stat	393.9	F_stat	3598	F_stat	3182.1	F_stat	3615.5
Adj_R^2	0.374	Adj_R^2	0.350	Adj_R^2	0.360	Adj_R^2	0.345	Adj_R^2	0.981	Adj_R^2	0.981	Adj_R^2	0.982	Adj_R^2	0.981
Obs	420	Obs	420	Obs	420	Obs	420	Obs	420	Obs	420	Obs	420	Obs	420
备注	FE	备注	FE	备注	FE	备注	FE	备注	FE	备注	FE	备注	FE	备注	FE

注：同表2。

参 考 文 献

[1] 安康，韩兆洲，舒晓惠．中国省域经济协调发展动态分布分析——基于核密度函数的分解 [J]．经济问题探索，2012（1）：20-25.

[2] 白俊红，王钺，蒋伏心．研发要素流动、空间知识溢出与经济增长 [J]．经济研究，2017（7）：109-123.

[3] 薄文广．外部性与产业增长——来自中国省级面板数据的研究 [J]．中国工业经济，2007（1）：37-44.

[4] 陈怀锦，周孝．溢出效应、城市规模与动态产业集聚 [J]．山西财经大学学报，2019，41（1）：57-69.

[5] 陈继勇，梁柱．货币外部性、技术外部性与 FDI 区域分布非均衡 [J]．国际贸易问题，2011（4）：104-114.

[6] 陈强．高级计量经济学及 Stata 应用（第二版）[M]．北京：高等教育出版社，2014.

[7] 陈自芳．区域经济学新论 [M]．北京：中国财政经济出版社，2011.

[8] 成刚．数据包络分析法与 MaxDEA 软件 [M]．北京：知识产权出版社，2017.

[9] 戴维·罗默（Romer David）著．高级宏观经济学 [M]．上海：上海财经大学出版社，2014.

[10] 邓丽娜，范爱军．国际技术溢出对中国制造业产业结构升级影响的实证研究 [J]．河北经贸大学学报，2014（4）：96-100.

[11] 范剑勇，李方文．中国制造业空间集聚的影响：一个综述 [J]．南方经济，2011（6）：53-66.

[12] 范剑勇，石灵云．产业外部性、企业竞争环境与劳动生产率 [J]．管理世界，2009（8）：65-72.

[13] 范庆泉,储成君,高佳宁.环境规制、产业结构升级对经济高质量发展的影响[J/OL].中国人口·资源与环境,2020(6):84-94[2020-08-20].http://kns.cnki.net/kcms/detail/37.1196.N.20200722.0848.018.html.

[14] 范文祥,李将军.产业结构与金融结构阶段性最优耦合的因素分析——基于供给侧结构性改革视角[J].上海金融,2019(8):59-63+87.

[15] 付凌晖.我国产业结构高级化与经济增长关系的实证研究[J].统计研究,2010(8):79-81.

[16] 傅元海,叶祥松,王展祥.制造业结构变迁与经济增长效率提高[J].经济研究,2016(8):86-100.

[17] 傅元海,叶祥松,王展祥.制造业结构优化的技术进步路径选择——基于动态面板的经验分析[J].中国工业经济,2014(9):78-90.

[18] 干春晖.新常态下中国经济转型与产业升级[J].南京财经大学学报,2016(2):1-10.

[19] 干春晖,郑若谷,余典范.中国产业结构变迁对经济增长和波动的影响[J].经济研究,2011(5):4-16.

[20] 工业和信息化部.高端智能再制造行动计划(2018~2020年)[EB/OL].http://www.miit.gov.cn/n1146295/n1652858/n1652930/n3757016/c5901594/content.html,2017.1109/2018.3.12.

[21] 郭玉清,姜磊.区域外部性视角下支出竞争的增长效应研究[J].南方经济,2013(3):23-36.

[22] 韩峰,柯善咨.追踪我国制造业集聚的空间来源:基于马歇尔外部性与新经济地理的综合视角[J].管理世界,2012(10):55-70.

[23] 何伟怡,马胜仑,孙学珊.中国装备制造业能源效率研究——基于Bootstrap-DEA模型[J].华东经济管理,2019,33(1):87-92.

[24] 贺灿飞,谢秀珍.中国制造业地理集中与省区专业化[J].地理学报,2006(2):212-222.

[25] 侯新烁,张宗益,周靖祥.中国经济结构的增长效应及作用路径研究[J].世界经济,2013(5):88-111.

[26] 胡翠,谢世清.中国制造业企业集聚的行业间垂直溢出效应研

究［J］．世界经济，2014（9）：77－94.

［27］胡舒立．新常态改变中国：首席经济学家谈大趋势［M］．北京：民主与建设出版社，2014：3－9.

［28］黄继忠，冀刚．外部性与产业发展——一个理论分析框架［J］．技术经济与管理研究，2018（2）：113－118.

［29］黄继忠，冀刚．外部性与产业结构优化——基于中国装备制造业省级面板数据的分析［J］．商业研究，2018（2）：136－145.

［30］黄亮雄，安苑，刘淑琳．中国的产业结构调整：基于三个维度的测算［J］．中国工业经济，2013（10）：70－82.

［31］黄群慧．论新时期中国实体经济的发展［J］．中国工业经济，2017（9）：5－24.

［32］黄永春，郑江淮，杨以文等．中国"去工业化"与美国"再工业化"冲突之谜解析——来自服务业与制造业交互外部性的分析［J］．中国工业经济，2013（3）：7－19.

［33］IBM 商业价值研究院，中国电子信息产业发展研究院．中国制造业走向 2025：构建以数据洞察为驱动的新价值网络［EB/OL］．http：//www－31．ibm．com/solutions/cn/industries/madeinchina2025/，2017．05．22.

［34］机械工业经济管理研究院．中国装备制造业发展报告（2016）［M］．北京：社会科学文献出版社，2016.

［35］冀刚，黄继忠．外部性、产业结构与产业增长——来自中国装备制造业省级面板数据的门槛效应分析［J］．上海经济研究，2018（2）：37－52.

［36］冀刚．外部性作用下中国装备制造业发展研究［D］．辽宁大学，2018.

［37］贾洪文，赵明明．金融发展、产业融合与经济高质量发展——基于门槛模型的实证分析［J］．上海经济研究，2020（8）：58－69.

［38］贾丽虹．外部性理论研究［M］．北京：人民出版社，2007.

［39］蒋樟生．制造业 FDI 行业内和行业间溢出对全要素生产率变动的影响［J］．经济理论与经济管理，2017（2）：78－87.

［40］金碚．中国经济发展新常态研究［J］．中国工业经济，2015（1）：

5 – 18.

[41] 孔东民. 通货膨胀阻碍了金融发展与经济增长吗？——基于一个门槛回归模型的新检验 [J]. 数量经济技术经济研究, 2007 (10): 56 – 66.

[42] 李超, 张诚. 中国对外直接投资与制造业全球价值链升级 [J]. 经济问题探索, 2017 (11): 114 – 126.

[43] 李东坤, 邓敏. 中国省际 OFDI、空间溢出与产业结构升级——基于空间面板杜宾模型的实证分析 [J]. 国际贸易问题, 2016 (1): 121 – 133.

[44] 李金滟, 宋德勇. 专业化、多样化与城市集聚经济——基于中国地级单位面板数据的实证研究 [J]. 管理世界, 2008 (2): 25 – 34.

[45] 李梅, 柳士昌. 对外直接投资逆向技术溢出的地区差异和门槛效应——基于中国省际面板数据的门槛回归分析 [J]. 管理世界, 2012 (1): 21 – 32.

[46] 李平, 许家云. 国际智力回流的技术扩散效应研究——基于中国地区差异及门槛回归的实证分析 [J]. 经济学（季刊）, 2011 (3): 935 – 964.

[47] 李焱, 原毅军. 中国装备制造业价值链升级与技术创新的协调发展研究 [J]. 国际贸易, 2017 (6): 52 – 56.

[48] 李子豪, 刘辉煌. FDI 对环境的影响存在门槛效应吗——基于中国 220 个城市的检验 [J]. 财贸经济, 2012 (9): 101 – 108.

[49] 李子奈, 叶阿忠. 高级应用计量经济学 [M]. 北京: 清华大学出版社, 2012.

[50] 连玉君, 程建. 不同成长机会下资本结构与经营绩效之关系研究 [J]. 当代经济科学, 2006 (2): 97 – 103.

[51] 梁琦, 钱学锋. 外部性与集聚: 一个文献综述 [J]. 世界经济, 2007 (2): 84 – 96.

[52] 梁琦. 知识溢出的空间局限性与集聚 [J]. 科学学研究, 2004 (1): 76 – 81.

[53] 林桂军, 何武. 全球价值链下我国装备制造业的增长特征 [J]. 国际贸易问题, 2015 (6): 3 – 24.

[54] 林桂军, 何武. 中国装备制造业在全球价值链的地位及升级趋势 [J]. 国际贸易问题, 2015 (4): 3 – 15.

［55］林秀丽．中国省区工业产业专业化程度实证研究：1988～2002
［J］．上海经济研究，2007（1）：3－9．

［56］林毅夫，苏剑．新结构经济学：反思经济发展与政策的理论框架［增订版］［M］．北京：北京大学出版社，2015．

［57］刘冰．煤电纵向交易关系：决定因素与选择逻辑［J］．中国工业经济，2010（4）：58－68．

［58］刘沛罡，王海军．高技术产业内部结构多样化、专业化与经济增长动力——基于省域高技术产业制造业、高技术产业服务业面板数据的实证分析［J］．产业经济研究，2016（6）：46－56．

［59］刘生龙，胡鞍钢．基础设施的外部性在中国的检验：1988－2007［J］．经济研究，2010（3）：4－15．

［60］刘鑫，贺灿飞．技术关联与城市产业增长研究［J］．地理研究，2016（4）：717－730．

［61］卢学法，杜传忠．新常态下产业结构变动与经济增长——基于省级动态面板数据的 GMM 方法［J］．商业经济与管理，2016（2）：58－67．

［62］鲁晓东，连玉君．中国工业企业全要素生产率估计：1999－2007［J］．经济学（季刊），2012（2）：541－558．

［63］吕捷，胡鞍钢，鄢一龙．惯性约束下的中国经济增长转型［J］．经济理论与经济管理，2013（6）：31－43．

［64］马双，曾刚．我国装备制造业的创新、知识溢出和产学研合作——基于一个扩展的知识生产函数方法［J］．人文地理，2016（1）：116－123．

［65］马歇尔著，肖卫东译．产业经济学［M］．北京：商务印书馆，2015：73－77．

［66］孟祥财，叶阿忠．知识外部性、研究开发与经济可持续增长——理论分析与基于中国数据的实证研究［J］．财经研究，2009（9）：132－143．

［67］潘辉．城市集聚、外部性与地区工资差距研究［D］．复旦大学，2012．

［68］任继球．推动装备制造业高质量发展［J］．宏观经济管理，2019（5）：24－29．

[69] 芮明杰. 产业经济学 [M]. 上海：上海财经大学出版社，2012.

[70] 上官绪明，葛斌华. 科技创新、环境规制与经济高质量发展——来自中国 278 个地级及以上城市的经验证据 [J/OL]. 中国人口·资源与环境，2020（6）：95 - 104 [2020 - 08 - 20]. http：//kns. cnki. net/kcms/detail/37. 1196. N. 20200722. 0848. 020. html.

[71] 盛朝迅. "十四五" 时期推进新旧动能转换的思路与策略 [J]. 改革，2020（2）：5 - 19.

[72] 盛洪. 外部性问题和制度创新 [J]. 管理世界，1995（2）：195 - 201.

[73] 施祖麟，黄治华. 基于核密度估计法的中国省区经济增长动态分析 [J]. 经济经纬，2009（4）：60 - 63.

[74] 史丹，张成. 中国制造业产业结构的系统性优化——从产出结构优化和要素结构配套视角的分析 [J]. 经济研究，2017（10）：158 - 172.

[75] 宋振东，雷宏振，谢攀. 产业专业化、多样化与产业增长关系研究——基于陕西省 32 个行业面板数据 [J]. 统计与信息论坛，2017（11）：76 - 83.

[76] 苏东水. 产业经济学（第三版）[M]. 北京：高等教育出版社，2014.

[77] 苏红键，赵坚. 相关多样化、不相关多样化与区域工业发展——基于中国省级工业面板数据 [J]. 产业经济研究，2012（2）：26 - 32.

[78] 睢博，张万里. 相关多样性对企业创新的非线性影响——基于上市公司的 PSTR 实证研究 [J]. 审计与经济研究，2019，34（1）：117 - 127.

[79] 孙才志，李欣. 基于核密度估计的中国海洋经济发展动态演变 [J]. 经济地理，2015（1）：96 - 103.

[80] 孙灵希，曹琳琳. 中国装备制造业价值链地位的影响因素研究 [J]. 宏观经济研究，2016（11）：59 - 71.

[81] 孙宁华，韩逸平. 地区专业化与制造业结构优化——基于省级面板数据的经验分析 [J]. 南京大学学报（哲学·人文科学·社会科学），2016（1）：34 - 44.

[82] 孙晓华，柴玲玲. 相关多样化、无关多样化与地区经济发展——

基于中国 282 个地级市面板数据的实证研究 [J]. 中国工业经济, 2012 (6):
5 - 17.

[83] 孙早, 侯玉琳. 政府培训补贴、企业培训外部性与技术创新——
基于不完全劳动力市场中人力资本投资的视角 [J]. 经济与管理研究,
2019, 40 (4): 47 - 64.

[84] 覃成林, 龚维进, 卢健. 空间外部性、利用能力与区域经济增
长 [J]. 经济经纬, 2016 (6): 1 - 6.

[85] 唐东波. 垂直专业分工与劳动生产率: 一个全球化视角的研究
[J]. 世界经济, 2014 (11): 25 - 52.

[86] 唐为. 分权、外部性与边界效应 [J]. 经济研究, 2019, 54
(3): 103 - 118.

[87] 唐晓华, 陈阳. 中国装备制造业全要素生产率时空特征——基
于三种空间权重矩阵的分析 [J]. 商业研究, 2017 (4): 135 - 142.

[88] 唐晓华, 黄继忠, 王伟光. 产业经济学教程 [M]. 北京: 经济
管理出版社, 2007.

[89] 唐晓华, 刘相锋. 能源强度与中国制造业产业结构优化实证
[J]. 中国人口·资源与环境, 2016 (10): 78 - 85.

[90] 唐晓华, 刘相锋. 中国装备制造业产业结构调整中外资修复作
用的实证研究 [J]. 数量经济技术经济研究, 2016 (2): 144 - 155.

[91] 陶锋, 杨雨清, 褚简. 集聚外部性如何影响企业生产率? [J].
南方经济, 2018 (6): 87 - 101.

[92] 万建香, 汪寿阳. 社会资本与技术创新能否打破 "资源诅
咒"? ——基于面板门槛效应的研究 [J]. 经济研究, 2016 (12): 76 - 89.

[93] 汪曲. 技术选择、R&D 溢出与区域生产率增长——基于 1995 ~
2009 年中国省区面板数据的经验分析 [J]. 经济管理, 2013 (5): 31 - 42.

[94] 王成东, 蔡渊渊. 全球价值链下产业研发三阶段效率研究: 以
中国装备制造业为例 [J]. 中国软科学, 2020 (3): 46 - 56.

[95] 王春晖, 赵伟. 集聚外部性与地区产业升级: 一个区域开放视
角的理论模型 [J]. 国际贸易问题, 2014 (4): 67 - 77.

[96] 王菲, 李善同. 交通可达性对地区制造业专业化的影响——基于

中国地级城市面板数据的实证研究 [J]. 管理评论, 2019, 31 (8): 3 - 13.

[97] 王家庭, 李艳旭, 马洪福, 曹清峰. 中国制造业劳动生产率增长动能转换: 资本驱动还是技术驱动 [J]. 中国工业经济, 2019 (5): 99 - 117.

[98] 王江, 陶磊. 装备制造业强国竞争力比较及价值链地位测算 [J]. 上海经济研究, 2017 (9): 78 - 88.

[99] 王俊松. 集聚经济、相关性多样化与城市经济增长——基于279 个地级及以上城市面板数据的实证分析 [J]. 财经研究, 2016 (5): 135 - 144.

[100] 王猛, 高波. 空间集聚、外部性与制造业增长——兼论长三角城市群应对 "制造业双重转移" [J]. 南京社会科学, 2015 (4): 15 - 22.

[101] 王万珺. FDI、装备制造业增长和地区差异——基于 2001 ~ 2007 年我国面板数据的实证分析 [J]. 科学学研究, 2010 (3): 365 - 373.

[102] 王威, 綦良群. 基于结构方程的区域装备制造业产业结构优化影响因素研究 [J]. 中国科技论坛, 2013 (12): 71 - 77.

[103] 王伟光, 马胜利, 姜博. 高技术产业创新驱动中低技术产业增长的影响因素研究 [J]. 中国工业经济, 2015 (3): 70 - 82.

[104] 王信敏, 丁浩. 产业间技术溢出、能源结构调整与产业生态化——基于我国工业部门的经验研究 [J]. 软科学, 2017 (6): 10 - 14.

[105] 王耀中, 陈洁. 动态外部性与产业结构优化关系研究新进展 [J]. 财经理论与实践, 2012 (5): 91 - 95.

[106] 王英, 陈佳茜. 中国装备制造业及细分行业的全球价值链地位测度 [J]. 产经评论, 2018 (1): 118 - 131.

[107] 王玉柱. 生产要素组合优化驱动高质量发展的逻辑和改革路径 [J]. 上海经济研究, 2020 (7): 40 - 48.

[108] 魏守华, 汤丹宁, 孙修远. 本地经济结构、外部空间溢出与制造业增长: 以长三角为例 [J]. 产业经济研究, 2015 (1): 71 - 82.

[109] 文荣光, 王江波. 人力资本、产业结构与经济增长——基于中国省级面板数据的实证 [J]. 经济问题, 2020 (7): 76 - 81.

[110] 吴殿廷. 区域经济学 [M]. 北京: 科学出版社, 2003: 108 - 109.

［111］吴建峰，符育明．经济集聚中马歇尔外部性的识别——基于中国制造业数据的研究［J］．经济学（季刊），2012（2）：675 - 690.

［112］吴三忙，李善同．专业化、多样化与产业增长关系——基于中国省级制造业面板数据的实证研究［J］．数量经济技术经济研究，2011（8）：21 - 34.

［113］武勇杰，赵公民，俞立平．资本积累、外部性与地区差异——基于地区吸收能力的视角［J］．现代经济探讨，2019（2）：19 - 25.

［114］习近平．决胜全面建成小康社会　夺取新时代中国特色社会主义伟大胜利——在中国共产党第十九次全国代表大会上的报告［R］．北京，2017.

［115］谢兰云．创新、产业结构与经济增长的门槛效应分析［J］．经济理论与经济管理，2015（2）：51 - 59.

［116］辛星．中国经济增长的结构效应与技术效应驱动力探究——以1985 ~ 2018 年中国 31 个省份面板数据为例［J］．工业技术经济，2020，39（7）：3 - 12.

［117］许召元．中国的潜在产出、产出缺口及产量——通货膨胀交替关系——基于"Kalman 滤波"方法的研究［J］．数量经济技术经济研究，2005，22（12）：3 - 15.

［118］亚当·斯密（Adam Smith）著，郭大力，王亚南译．国富论［M］．北京：商务印书馆，2015.

［119］杨蕙馨，邱晨，冯文娜，王军．创新驱动及其动能转换的策略选择与政策设计——基于构建现代产业发展新体系的视角［J］．山东社会科学，2019（2）：137 - 142.

［120］杨清可，段学军．基于 DEA - Malmquist 模型的高新技术产业发展效率的时空测度与省际差异研究［J］．经济地理，2014（7）：103 - 110.

［121］杨瑞龙，侯方宇．产业政策的有效性边界——基于不完全契约的视角［J］．管理世界，2019，35（10）：82 - 94 + 219 - 220.

［122］杨小凯，黄有光．专业化与经济组织：一种新兴古典微观经济学框架［M］．北京：经济科学出版社，1999.

［123］杨小凯．新兴古典经济学与超边际分析［M］．北京：社会科学

文献出版社，2003.

[124] 易明，王腾，吴超．外商直接投资、知识溢出影响区域创新水平的实证研究 [J]．宏观经济研究，2013（3）：98-105.

[125] 尹彦罡，李晓华．中国制造业全球价值链地位研究 [J]．财经问题研究，2015（11）：18-26.

[126] 于斌斌．产业结构调整如何提高地区能源效率？——基于幅度与质量双维度的实证考察 [J]．财经研究，2017（1）：86-97.

[127] 于斌斌．产业结构调整与生产率提升的经济增长效应——基于中国城市动态空间面板模型的分析 [J]．中国工业经济，2015（12）：83-98.

[128] 原毅军．产业发展理论及应用 [M]．大连：大连理工大学出版社，2012.

[129] 湛泳，赵纯凯．军民融合推动产业结构优化升级的路径与机制——基于产业外部性视角 [J]．北京理工大学学报（社会科学版），2017（1）：116-123.

[130] 张德常．多样化、外部效应与地区经济发展——基于我国制造业数据的实证研究 [J]．南方经济，2009（5）：58-69.

[131] 张光南，洪国志，陈广汉．基础设施、空间溢出与制造业成本效应 [J]．经济学（季刊），2014（1）：285-304.

[132] 张海峰，姚先国．经济集聚、外部性与企业劳动生产率——来自浙江省的证据 [J]．管理世界，2010（12）：45-52.

[133] 张建清，刘诺．国际技术溢出对区域经济增长的门槛效应研究 [J]．研究与发展管理，2018（1）：92-105.

[134] 张旭华．技术外部性、货币外部性与全要素生产率增长——基于高技术产业的空间面板计量研究 [J]．投资研究，2012（10）：68-83.

[135] 张学良．中国交通基础设施促进了区域经济增长吗——兼论交通基础设施的空间溢出效应 [J]．中国社会科学，2012（3）：60-77.

[136] 章韬．经济地理外部性与城市全要素生产率差异——来自中国地级城市的证据 [J]．上海经济研究，2013（12）：31-48.

[137] 赵昌文，许召元，朱鸿鸣．工业化后期的中国经济增长新动力 [J]．中国工业经济，2015（6）：44-54.

[138] 赵卿，曾海舰. 产业政策推动制造业高质量发展了吗？[J]. 经济体制改革，2020（4）：180 - 186.

[139] 赵霞. 生产性服务投入、垂直专业化与装备制造业生产率 [J]. 产业经济研究，2017（2）：14 - 26.

[140] 赵勇，白永秀. 知识溢出：一个文献综述 [J]. 经济研究，2009（1）：144 - 156.

[141] 赵塱，石敏俊，杨晶. 市场邻近、供给邻近与中国制造业空间分布——基于中国省区间投入产出模型的分析 [J]. 经济学（季刊），2012（3）：1059 - 1078.

[142] 郑若谷. 国际外包承接与中国产业结构升级 [M]. 上海：上海人民出版社，2016.

[143] 郑小碧，庞春，刘俊哲. 数字经济时代的外包转型与经济高质量发展——分工演进的超边际分析 [J]. 中国工业经济，2020（7）：117 - 135.

[144] 郑玉歆. 全要素生产率的再认识——用 TFP 分析经济增长质量存在的若干局限 [J]. 数量经济技术经济研究，2007（9）：3 - 11.

[145] 中国电子信息产业发展研究院. 2015 ~ 2016 年中国装备工业发展蓝皮书 [M]. 北京：人民出版社，2016.

[146] 中国经济时报制造业调查组. 中国制造业大调查：迈向中高端 [M]. 北京：中信出版社，2016.

[147] 周锐波，张亦瑶. 产业外部性对全要素生产率及其分解的实证研究 [J]. 工业技术经济，2017，36（8）：92 - 100.

[148] 周振华. 产业结构优化论 [M]. 上海：上海人民出版社，2014.

[149] 朱平芳，项歌德，王永水. 中国工业行业间 R&D 溢出效应研究 [J]. 经济研究，2016（11）：44 - 55.

[150] Andersson M, Klaesson J, Larsson J P. How local are spatial density externalities? Neighbourhood effects in agglomeration economies [J]. *Regional studies*, 2016, 50 (6): 1082 - 1095.

[151] Andersson M, Larsson J P, Wernberg J. The economic microgeography of diversity and specialization externalities-firm-level evidence from Swedish cities [J]. *Research Policy*, 2019, 48 (6): 1385 - 1398.

［152］ Antonelli C, Colombelli A. The locus of knowledge externalities and the cost of knowledge ［J］. *Regional Studies*, 2017: 1 – 14.

［153］ Antonelli C, Crespi F, Mongeau Ospina C A, et al. Knowledge composition, Jacobs externalities and innovation performance in European regions ［J］. *Regional Studies*, 2017, 51 (11): 1708 – 1720.

［154］ Arrow K J. The economic implications of learning by doing ［J］. *The Review of Economic Studies*, 1962, 29 (3): 155 – 173.

［155］ Attaran M. Industrial diversity and economic performance in US areas ［J］. *The Annals of Regional Science*, 1986, 20 (2): 44 – 54.

［156］ Batisse C. Dynamic externalities and local growth: A panel data analysis applied to Chinese provinces ［J］. *China Economic Review*, 2002, 13 (2): 231 – 251.

［157］ Beaudry C, Schiffauerova A. Who is right: Marshall or Jacobs: The localization versus urbanization debate? ［J］. *Research Policy*, 2009, 38 (2): 318 – 337.

［158］ Berliant M, Fujita M. The dynamics of knowledge diversity and economic growth ［J］. *Southern Economic Journal*, 2011, 77 (4): 856 – 884.

［159］ Berliant M, Peng S, Wang P. Production externalities and urban configuration ［J］. *Journal of Economic Theory*, 2002, 104 (2): 275 – 303.

［160］ Bithas K. Sustainability and externalities: Is the internalization of externalities a sufficient condition for sustainability? ［J］. *Ecological Economics*, 2011, 70 (10): 1703 – 1706.

［161］ Boschma R. Do spinoff dynamics or agglomeration externalities drive industry clustering? ［J］. *Industrial and Corporate Change*, 2015, 24 (4): 859 – 873.

［162］ Boschma R, Iammarino S. Related variety and regional growth in Italy ［J］. *Science and Technology Policy Research*, 2007, 62: 1 – 24.

［163］ Brock W A, Xepapadeas A, Yannacopoulos A N. Spatial externalities and agglomeration in a competitive industry ［J］. *Journal of Economic Dynamics and Control*, 2014, 42: 143 – 174.

［164］ Brunnermeier M K, Sannikov Y. International credit flows and pecuniary externalities ［J］. *American Economic Journal*: *Macroeconomics*, 2015, 7 (1): 297 – 338.

［165］ Bun M J, Makhloufi A E. Dynamic externalities, local industrial structure and economic development: panel data evidence for Morocco ［J］. *Regional Studies*, 2007, 41 (6): 823 – 837.

［166］ Cainelli G, Leoncini R. Externalities and long-term local industrial development. Some empirical evidence from Italy ［J］. *Revue d'economie industrielle*, 1999, 90 (1): 25 – 39.

［167］ Cassey A J, Schmeiser K N, Waldkirch A. Exporting Spatial Externalities ［J］. *Open Economies Review*, 2016, 27 (4): 697 – 720.

［168］ Caves, D. W. , Christensen, L. R. and Diewert, W. E. The Economic Theory of Index Numbers and the Measurement of Input, Output, and Productivity. Econometrica, 1982, 50: 1393 – 1414.

［169］ Choi B R. *High-technology development in regional economic growth*: *Policy implications of dynamic externalities* ［M］. Routledge, 2019.

［170］ Chou Y, Chuang H H, Shao B B. The impacts of information technology on total factor productivity: A look at externalities and innovations ［J］. *International Journal of Production Economics*, 2014, 158: 290 – 299.

［171］ Combes P. Economic structure and local growth: France, 1984 – 1993 ［J］. *Journal of urban economics*, 2000, 47 (3): 329 – 355.

［172］ Cortuk O, Singh N. Structural change and growth in India ［J］. *Economics Letters*, 2011, 110 (3): 178 – 181.

［173］ Dastan H, Gunes H, Calmasur G. Knowledge Externalities: An Application to the Turkish Manufacturing Industry ［J］. *Advances in Economics and Business*, 2015, 3 (10): 455 – 464.

［174］ Dekle R. Industrial concentration and regional growth: evidence from the prefectures ［J］. *Review of Economics and Statistics*, 2002, 84 (2): 310 – 315.

［175］ Demsetz H. *Ownership*, *control and the firm*: *The organization of eco-

nomic activity [M]. Oxford: Basil Blackwell, 1990.

[176] Dissart J C. Regional economic diversity and regional economic stability: Research results and agenda [J]. *International Regional Science Review*, 2003, 26 (4): 423 - 446.

[177] Efron B, Tibshirani R J. *An introduction to the bootstrap* [M]. Boca Raton: CRC press, 1994.

[178] Ellison G, Glaeser E L. Geographic concentration in US manufacturing industries: a dartboard approach [J]. *Journal of political economy*, 1997, 105 (5): 889 - 927.

[179] Ercole R, O'Neill R. The Influence of Agglomeration Externalities on Manufacturing Growth within Indonesian Locations [J]. *Growth and Change*, 2017, 48 (1): 91 - 126.

[180] Fafchamps M, El Hamine S. Firm productivity, wages and agglomeration externalities [J]. *Research in Economics*, 2017, 71 (2): 291 - 305.

[181] Fagerberg J. Technological progress, structural change and productivity growth: a comparative study [J]. *Structural change and economic dynamics*, 2000, 11 (4): 393 - 411.

[182] Fallah M H, Ibrahim S. Knowledge spillover and innovation in technological clusters [C]. 2004.

[183] Fazio G, Maltese E. Agglomeration Externalities and the Productivity of Italian Firms [J]. *Growth and Change*, 2015, 46 (3): 354 - 378.

[184] Feldman M P, Audretsch D B. Innovation in cities: Science-based diversity, specialization and localized competition [J]. *European economic review*, 1999, 43 (2): 409 - 429.

[185] Fosfuri A, Giarratana M S, Roca E. Social Business Hybrids: Demand Externalities, Competitive Advantage and Growth through Diversification [J]. *Organization Science*, 2016, 27 (5): 1275 - 1289.

[186] Frenken K, Van Oort F, Verburg T. Related variety, unrelated variety and regional economic growth [J]. *Regional studies*, 2007, 41 (5): 685 - 697.

[187] Färe R, Grosskopf S, Lindgren B, et al. Productivity changes in Swedish pharmacies 1980 – 1989: A non-parametric Malmquist approach [J]. *Journal of Productivity Analysis*, 1992, 3 (1 – 2): 85 – 101.

[188] Fujita M, Mori T. Frontiers of the new economic geography [J]. *Papers in Regional Science*, 2005, 84 (3): 377 – 405.

[189] Fujita M, Thisse J. *Economics of agglomeration: cities, industrial location and globalization* [M]. Cambridge: Cambridge university press, 2013.

[190] Galliano D, Magrini M, Triboulet P. Marshall's versus Jacobs' Externalities in Firm Innovation Performance: The Case of French Industry [J]. *Regional studies*, 2015, 49 (11): 1840 – 1858.

[191] Gehringer A. Knowledge externalities and sectoral interdependences: Evidence from an open economy perspective [J]. *Technological Forecasting and Social Change*, 2016, 102: 240 – 249.

[192] Gerben V D P. Agglomeration externalities: Marshall versus Jacobs [J]. *Journal of Evolutionary Economics*, 2004, 14 (5): 593 – 604.

[193] Geroski P A. Entry, innovation and productivity growth [J]. *The Review of Economics and Statistics*, 1989: 572 – 578.

[194] Gibbons J D, Chakraborti S. *Nonparametric statistical inference* [M]. Tuscaloosa: Springer, 2011: 977 – 979.

[195] Glaeser E L, Kallal H D, Scheinkman J A, et al. Growth in cities [J]. *Journal of political economy*, 1992, 100 (6): 1126 – 1152.

[196] Gomanee K, Girma S, Morrissey O. Searching for aid threshold effects [J]. *CREDIT Research Paper*, 2003.

[197] Greunz L. Industrial structure and innovation: Evidence from European regions [J]. *Journal of evolutionary economics*, 2004, 14 (5): 563 – 592.

[198] Grillitsch M, Nilsson M. Knowledge externalities and firm heterogeneity: Effects on high and low growth firms [J]. *Papers in Regional Science*, 2019, 98 (1): 93 – 114.

[199] Groot H L, Poot J, Smit M J. Which agglomeration externalities matter most and why? [J]. *Journal of Economic Surveys*, 2016, 30 (4): 756 – 782.

[200] Gugler K, Szücs F. Merger externalities in oligopolistic markets [J]. *International Journal of Industrial Organization*, 2016, 47: 230 – 254.

[201] Hackbart M M, Anderson D A. On measuring economic diversification [J]. *Land Economics*, 1975, 51 (4): 374 – 378.

[202] Hansen B E. Threshold effects in Non-dynamic panels: Estimation, testing and inference [J]. *Journal of econometrics*, 1999, 93 (2): 345 – 368.

[203] Hayek F A. Economics and knowledge [J]. *Economica*, 1937, 4 (13): 33 – 54.

[204] Helmsing B. Externalities, learning and governance: New perspectives on local economic development [J]. *Development and change*, 2001, 32 (2): 277 – 308.

[205] Henderson J V. Marshall's scale economics [J]. *Journal of urban economics*, 2003, 53 (1): 1 – 28.

[206] Henderson V. Externalities and industrial development [J]. *Journal of urban economics*, 1997, 42 (3): 449 – 470.

[207] Hirschman A O. *The strategy of economic development* [M]. New Haven: Yale University Press, 1960.

[208] Jacobs J. *The economy of cities* [M]. New York: Vintage, 1969.

[209] Kindleberger C P. *Economic Development* [M]. New York: McGraw – Hill Book Company, Inc., 1958.

[210] Klein A, Crafts N. Agglomeration externalities and productivity growth: US cities, 1880 – 1930 [J]. *The Economic History Review*, 2020, 73 (1): 209 – 232.

[211] Knight F H. Some fallacies in the interpretation of social cost [J]. *The Quarterly Journal of Economics*, 1924, 38 (4): 582 – 606.

[212] Kravtsova V. Productivity change and externalities: empirical evidence from hungary [J]. *International Review of Applied Economics*, 2014, 28 (1): 102 – 125.

[213] Krugman P. Increasing returns and economic geography [J]. *Journal of political economy*, 1991, 99 (3): 483 – 499.

［214］Kuznets S. Statistics and economic history ［J］. *The Journal of Economic History*, 1941, 1 (1): 26 –41.

［215］Lee Hsien L, Zeckhauser R. Pecuniary externalities do matter when contingent claims markets are incomplete ［J］. *The Quarterly Journal of Economics*, 1982, 97 (1): 171 –179.

［216］Lewis W A. *The Theory of Economic Growth* ［M］. London: George Allenand Unwin, Ltd. 1955.

［217］Lin S A. *Theory and measurement of economic externalities* ［M］. Pittsburgh: Academic Press, 2014.

［218］Lucas R E. Externalities and cities ［J］. *Review of Economic Dynamics*, 2001, 4 (2): 245 –274.

［219］Lucas R E. On the mechanics of economic development ［J］. *Econometric Society Monographs*, 1998, 29: 61 –70.

［220］Macdougall G D A. The benefits and costs of private investment from abroad: A theoretical approach ［J］. *Oxford Bulletin of Economics and Statistics*, 1960, 22 (3): 189 –211.

［221］Marouani M A, Mouelhi R. Contribution of Structural Change to Productivity Growth: Evidence from Tunisia ［J］. *Journal of African Economies*, 2015: v16.

［222］Marrocu E, Paci R, Usai S. Productivity growth in the old and new Europe: the role of agglomeration externalities ［J］. *Journal of Regional Science*, 2013, 53 (3): 418 –442.

［223］Marshall A. *Principles of Economics* ［M］. London: McMillan, 1920.

［224］Meade J E. External economies and diseconomies in a competitive situation ［J］. *The Economic Journal*, 1952, 62 (245): 54 –67.

［225］Mion G. Spatial externalities and empirical analysis: the case of Italy ［J］. *Journal of Urban Economics*, 2004, 56 (1): 97 –118.

［226］Nadiri M I. Innovations and Technological Spillovers ［J］. *Working Papers*. 1993.

［227］Nam K, Kim B H. The Effect of Spatial Structure and Dynamic Externalities on Local Growth in Seoul Metropolitan Area [J]. *Urban Policy and research*, 2017, 35 (2): 165 – 179.

[228] Neffke F, Henning M, Boschma R, et al. The dynamics of agglomeration externalities along the life cycle of industries [J]. *Regional studies*, 2011, 45 (1): 49 – 65.

[229] Neffke F. Time Varying Agglomeration Externalities: A Long-term Perspective on the Changing Benefits of Agglomeration in UK Counties (1841 – 1971) [J]. *Papers in Evolutionary Economic Geography*, 2008 (08. 18).

[230] Ning L, Wang F, Li J. Urban innovation, regional externalities of foreign direct investment and industrial agglomeration: Evidence from Chinese cities [J]. *Research Policy*, 2016, 45 (4): 830 – 843.

[231] North D C. *Institutions, institutional change and economic performance* [M]. Cambridge: Cambridge university press, 1990.

[232] Nurkse R. *Problems of capital formation in underdeveloped countries* [M]. New York: Oxford University Press, 1953.

[233] Olley G S, Pakes A. The Dynamics of Productivity in the Telecommunications Equipment Industry [J]. *Econometrica*, 1996, 64 (6): 1263 – 1297.

[234] Pedroni P. Panel cointegration: asymptotic and finite sample properties of pooled time series tests with an application to the PPP hypothesis [J]. *Econometric theory*, 2004, 20 (3): 597 – 625.

[235] Peneder M. Industrial structure and aggregate growth [J]. *Structural change and economic dynamics*, 2003, 14 (4): 427 – 448.

[236] Peng C, Song M, Han F. Urban economic structure, technological externalities, and intensive land use in China [J]. *Journal of Cleaner Production*, 2017, 152: 47 – 62.

[237] Peters J C. Dynamic agglomeration economies and learning by working in specialised regions [J]. *Journal of Economic Geography*, 2020, 20 (3): 629 – 651.

[238] Petrin A, Poi B P, Levinsohn J. Production function estimation in Stata using inputs to control for unobservables [J]. *Stata Journal*, 2004, 4:

113 – 123.

[239] Pigou A C. *The economics of welfare* [M]. New York: Palgrave Macmillan, 2013.

[240] Porter M E. The competitive advantage of nations [J]. *Harvard business review*, 1990, 68 (2): 73 – 93.

[241] Quah D T. Empirics for growth and distribution: stratification, polarization, and convergence clubs [J]. *Journal of economic growth*, 1997, 2 (1): 27 – 59.

[242] Quigley J M. Urban diversity and economic growth [J]. *Journal of Economic perspectives*, 1998, 12 (2): 127 – 138.

[243] Rahman M T, Nielsen R, Khan M A. Agglomeration externalities and technical efficiency: An empirical application to the pond aquaculture of Pangas and Tilapia in Bangladesh [J]. *Aquaculture Economics & Management*, 2019, 23 (2): 158 – 187.

[244] Reynolds L G. *Image and reality in economic development.* [M]. New Haven: Yale University Press, 1977.

[245] Romer P M. Increasing returns and long-run growth [J]. *Journal of political economy*, 1986, 94 (5): 1002 – 1037.

[246] Roper S, Love J H, Bonner K. Firms' knowledge search and local knowledge externalities in innovation performance [J]. *Research Policy*, 2017, 46 (1): 43 – 56.

[247] Rosenstein – Rodan P N. *Economic Development for Latin America* [M]. New York: Springer Publishing Company, 1961: 57 – 81.

[248] Rosenstein – Rodan P N. Problems of industrialisation of eastern and south-eastern Europe [J]. *The Economic Journal*, 1943, 53 (210/211): 202 – 211.

[249] Rosenthal S S, Strange W C. Evidence on the nature and sources of agglomeration economies [J]. *Handbook of Regional and Urban Economics*, 2004, 4: 2119 – 2171.

[250] Rostow W W. *The stages of economic growth*: *A non-communist*

manifesto [M]. Cambridge: Cambridge University Press, 1960.

[251] Scherer F M. Inter-industry technology flows in the United States [J]. *Research Policy*, 2006, 11 (4): 227 –245.

[252] Schumpeter J A, Opie R. *The theory of economic development: An inquiry into profits, capital, credit, interest and the business cycle* [M]. Oxford: Oxford University Press, 1961.

[253] Scitovsky T. Two concepts of external economies [J]. *Journal of political Economy*, 1954, 62 (2): 143 –151.

[254] Sharma A. Dynamic Externalities and Regional Manufacturing Growth: Evidence from India [J]. *Studies in Business and Economics*, 2017, 12 (1): 185 –201.

[255] Siegel P B, Johnson T G, Alwang J. Regional economic diversity and diversification [J]. *Growth and Change*, 1995, 26 (2): 261 –284.

[256] Silverman B W. *Density estimation for statistics and data analysis* [M]. Boca Raton: CRC press, 1986.

[257] Smit M J, Abreu M A, Groot H L. Micro-evidence on the determinants of innovation in the Netherlands: The relative importance of absorptive capacity and agglomeration externalities [J]. *Papers in Regional Science*, 2015, 94 (2): 249 –272.

[258] Stockman A C. Sectoral and national aggregate disturbances to industrial output in seven European countries [J]. *Journal of Monetary Economics*, 1988, 21 (2 –3): 387 –409.

[259] Timmer M P, Szirmai A. Productivity growth in Asian manufacturing: the structural bonus hypothesis examined [J]. *Structural change and economic dynamics*, 2000, 11 (4): 371 –392.

[260] Ting Z, Wei Z. Dynamic Externalities and Manufacturing Productivity: An empirical comparison among China's top three municipalities [J]. *RIETI Discussion Paper*, 2012 (4).

[261] Venables A J. Equilibrium locations of vertically linked industries [J]. *International Economic Review*, 1996: 341 –359.

［262］Vermeulen W. Agglomeration externalities and urban growth controls ［J］. *Journal of Economic Geography.* 2017，17（1）：59 – 94.

［263］Viner J. Cost curves and supply curves ［J］. *Journal of Economics.* 1932，3（1）：23 – 46.

［264］Wang C, Zhao W. Agglomeration Externalities and Regional Economic Performance: A Theoretical Model Based on Regional Opening ［J］. *Journal of International Trade.* 2014（4）：7.

［265］Wedemeier J. Creative Professionals, Local Amenities and Externalities: Do Regional Concentrations of Creative Professionals Reinforce Themselves Over Time? ［J］. *European Planning Studies.* 2015，23（12）：2464 – 2482.

［266］Wen – Guang B. Externalities and Industrial Economic Growth——Evidences from Chinese Provincial Panel Data ［J］. *China Industrial Economy.* 2007，1：37 – 44.

［267］Williamson O E. Markets and hierarchies, analysis and antitrust implications ［R］. 1975.

［268］Witte P, Van Oort F, Wiegmans B, et al. European corridors as carriers of dynamic agglomeration externalities? ［J］. *European Planning Studies.* 2014，22（11）：2326 – 2350.

［269］Yew – Kwang N. Rents and Pecuniary Externalities in Cost – Benefit Analysis: Comment ［J］. *The American Economic Review*, 1983，73（5）：1163 – 1170.

［270］Young A A. Increasing returns and economic progress ［J］. *The Economic Journal*, 1928，38（152）：527 – 542.

［271］Yu Y, Zhang Y, Miao X. Impacts of Dynamic Agglomeration Externalities on Eco – Efficiency: Empirical Evidence from China ［J］. *International journal of environmental research and public health*, 2018，15（10）：2304.

［272］Zheng X. A cointegration analysis of dynamic externalities ［J］. *Japan and the World Economy*, 2010，22（2）：130 – 140.